SERIE:
EL JOVEN
Y SUS
INQUIETUDES

El Joven

Winkie Pratney

Joven

Y SUS AMIGOS

SERIE:
EL JOVEN
Y SUS
INQUIETUDES

El Joven y sus amigos

Winkie Pratney

Versión castellana:
M. Francisco Liévano R.

©1982 por Editorial Betania
824 Calle 13 S.O., Caparra Terrace
Puerto Rico 00921

Publicado originalmente en inglés bajo el título de
A HANDBOOK FOR FOLLOWERS OF JESUS
Copyright ©1977 por Bethany House Publishers
Minneapolis, Minnesota 55438

ISBN 0-88113-162-8

Las citas bíblicas que se usan en este libro fueron
tomadas de la Versión Reina-Valera, revisión de 1960.

ACERCA DEL AUTOR

WINKIE PRATNEY es un conferenciante y escritor que viaja ampliamente por todo el mundo. Expone las verdades de la Escritura y los postulados de Cristo en muchos seminarios, conferencias y auditorios universitarios. Antes había escrito dos libros: *Youth Aflame* (Juventud con una misión) y *Doorways to Discipleship* (Entradas al discipulado).

El y su esposa viven en Lindale, Texas, Estados Unidos de América, donde está el centro principal de la organización AGAPE FORCE, que se dedica a llevar el evangelio a las calles en todos los Estados Unidos de América.

La preparación académica del señor Pratney en química orgánica, y su experiencia anterior a la conversión en la cultura juvenil musical se combinan para hacer que él resulte particularmente eficaz en su mensaje a la juventud.

INDICE

El
Winkie Pratney

Joven
Y SUS AMIGOS

1

¿ES LA BIBLIA REALMENTE LA PALABRA DE DIOS?

La Biblia no trata de probar su afirmación en el sentido de que ella es la Palabra de Dios; simplemente la declara. Los escritores de la Biblia se mantienen diciendo que su mensaje no es opinión humana, sino revelación divina. Génesis comienza con las palabras: "Y dijo Dios". Esta declaración se halla nueve veces en el primer capítulo. La declaración "dice Jehová" aparece 23 veces en Malaquías, el último libro del Antiguo Testamento. La declaración "Habló Jehová" se usa 560 veces en los primeros cinco libros de la Biblia; Isaías clama por lo menos 40 veces que su mensaje procede de Dios, y Ezequiel y Jeremías, 60 y 100 veces respectivamente. Los escritores bíblicos afirman que su mensaje es de Dios, por lo menos 3.800 veces en toda la Biblia.

El Señor Jesús citó por lo menos 24 libros del Antiguo Testamento. Citó a Daniel 22 veces, a Isaías 40 veces; los primeros cinco libros de la Biblia los citó 60 veces. También citó los Salmos. Nunca dio a entender que los relatos de la Biblia eran sólo fábulas o folklore. El habla de las personas de la Biblia como personas reales e históricas. En Lucas 24:24-27, Cristo dijo que él era el tema de la profecía de todo el Antiguo Testamento. También dijo muchas veces que las Escrituras tenían que cumplirse (Mateo 13:4; Lucas 21:22; Juan 13:18; 15:25; 17:12). El dijo al pueblo que sus propias palabras le fueron dadas por Dios y que "la Escritura no puede ser quebrantada" (Juan 10:35; ver también Marcos 13:31; Juan 6:63; 8:42-47; 12:46-50). Sus propias afirmaciones en el sentido de que él es Dios en carne humana, y las afirmaciones de la Biblia en el mismo sentido, se mantienen todas o caen todas conjuntamente. No podemos decir que Cristo fue verás, pero que la Biblia no lo es, ni que creemos en la Biblia, pero no en Cristo.

Los escritores del Nuevo Testamento que conocieron a Jesús, de igual modo dijeron que Dios había inspirado de una manera especial sus palabras. Pablo predicó que su mensaje venía de Dios y con el poder de Dios (2 Corintios 2; Gálatas 1:11-17); y Pedro dijo que Pablo escribió "según la sabiduría que le ha sido dada" (2 Pedro 3:15). En el Nuevo Testamento hay por lo menos 600 citas y referencias tomadas del Antiguo Testamento. Los dos Testamentos están cerrados conjuntamente como un todo.

Con respecto a sí misma, la Biblia dice: "Toda la Escritura es inspirada (expirada) por Dios" (2 Timoteo 3:16). ". . . ninguna profecía de la Escritura es de interpretación privada, porque nunca la profecía fue traída por voluntad humana (no por ideas humanas), sino que los santos hombres de Dios hablaron siendo inspirados por el Espíritu Santo" (2 Pedro 1:20, 21).

La supervivencia de la Biblia

¿Por qué la Biblia ha sobrevivido siglo tras siglo en medio de una persecución definida? Ningún otro libro tiene un número tan inmenso de ejemplares que han sobrevivido. Existen miles de manuscritos del Antiguo y del Nuevo Testamentos. Las variantes que se presentan entre éstos son menores e insignificantes; se debe de haber tenido gran cuidado al copiarlos. Se dice que los escribas judíos solían usar una pluma nueva cada vez que tenían que escribir la palabra *Señor*, y en ese punto tenían que comparar cuidadosamente todo lo que habían escrito hasta ese momento, con la copia original. Todos los siglos ha habido hombres que han muerto por tener ejemplares de la Biblia. Cada era trae consigo un renovado intento de acabar con la Biblia, pero la historia demuestra que ha sido imposible destruir las Escrituras.

Voltaire dijo: "En el término de cien años, este libro será olvidado". *Voltaire* ha sido olvidado. Exactamente cien años después de su jactancia, su casa estaba siendo usada como centro de la Sociedad Bíblica de Ginebra.

Jesús dijo: "El cielo y la tierra pasarán, pero *mis palabras* no pasarán" (Mateo 24:35). La Palabra de Dios es "viva", es decir, viviente (Hebreos 4:12). Ha resistido la prueba de la erudición y las pruebas de todos los enemigos a través de los siglos.

La influencia social de la Biblia

La verdadera naturaleza de un libro se revela en el efecto que produce en la sociedad. La Biblia ofrece leyes para las relaciones humanas que nunca han sido superadas ni igualadas. Dondequiera que las Escrituras se han enseñado y se han practicado, han transformado naciones. La Biblia ha traído la consideración para los demás, ternura y compasión hacia los ancianos, los enfermos y los necesitados. Ha dignificado a la mujer y ha guiado a la niñez.

Cada vez que las Escrituras han circulado libremente en el lenguaje del pueblo, han liberado un asombroso poder para el bien, elevando la sociedad, destruyendo la superstición y abriendo la puerta para el progreso de las ciencias, las artes y las humanidades. El mensaje de la Biblia ha liberado a millares de las cadenas del temor, de la enfermedad y del pecado. Es el Libro más poderoso del mundo para la renovación del hombre.

Al aplicarla prácticamente, enseña e inspira la industriosidad, la equidad y la justicia; está a favor del bienestar del individuo, de la familia, de la comunidad y del estado. Ha creado más empresas caritativas que cualquier otro libro en la historia. Estudia tú mismo el registro histórico. Observa lo que le ha acontecido a la nación que ha honrado la Biblia y a su Autor; ve lo que ha ocurrido al progreso en los países donde se ha tratado de suprimir la Biblia, de rechazar o de interpretar mal su mensaje.

Dondequiera que se ama y se aplica la Biblia, la nación es exaltada. Dondequiera que los hombres olvidan a su Autor y tratan de ignorar sus verdades, las calles se llenan de temor, guerra, enfermedad y odio. El principio de la Biblia es claro: "Bienaventurada la nación cuyo Dios es Jehová" (Salmo 33:12).

El período que abarcan sus profecías

Si hay algo que la Biblia se atreve a hacer y que ningún otro libro en el mundo hace, es predecir exactamente el futuro. Dios arregla las situaciones de la historia para producir su gloria en las vidas de aquellos que responden a su llamado. Trabajando con las decisiones morales de los hombres, dirige las circunstancias hacia una serie de patrones planificados con anticipación y establecidos desde antes de la fundación del mundo. El esquema general de muchos de estos patrones se nos revela en la Biblia.

En la Escritura, hay unos 3.856 versículos que directa o indirectamente se relacionan con la profecía; y alrededor de uno de cada seis versículos habla de eventos futuros. El desafío de Dios al mundo es que lo probemos. "Porque yo Jehová hablaré, y se cumplirá la palabra que yo hable" (Ezequiel 12:25; ver también Jeremías 28:9; Ezequiel 24:14; Lucas 21:22). Los budistas, los confucionistas y los mahometanos tienen sus escritos sagrados, pero en ellos el elemento profético brilla por su ausencia. La destrucción de Tiro, la invasión a Jerusalén, la caída de Babilonia y de Roma: cada uno de éstos fueron eventos predichos exactamente y que se cumplieron hasta el más mínimo detalle.

En la vida del mismo Señor Jesús se cumplieron más de 300 profecías. Es ridículo imaginar que estas profecías se hubieran cumplido *accidentalmente* por una sola persona. ¡Sólo hubiera habido *una* probabilidad en un número que se puede escribir con un 1 seguido de 181 ceros! Para darte alguna idea de este gran número, piensa en una pelota que está sólidamente llena de electrones (dos billones, quinientos mil millones forman una línea de más o menos 25 milímetros de longitud). Ahora imagina que esta pelota se expande hasta llegar a ser del tamaño del universo: unos cuatro mil millones de años de luz de diámetro (un año de luz es la distancia que la luz viaja en un año a la velocidad de 300.000 kilómetros por segundo). Multiplica estos cuatro mil millones por 500 cuatrillones. De este inmenso contenido de electrones, saca sólo uno, píntalo de rojo y lo vuelves a echar en el recipiente. Ahora lo sacudes junto con todos los demás electrones durante cien años. Luego véndale los ojos a un hombre y envíalo a que meta la mano en el recipiente y lo saque en el primer intento. ¿Imposible? ¡La misma probabilidad había de que Cristo viviera y muriera en conformidad con las Escrituras "por accidente"!

2

¿POR QUE ES JESUS EL UNICO CAMINO HACIA DIOS?

Muchas personas tratan de discutir cuando un discípulo de Jesús dice: "Jesús es el único camino hacia Dios". Generalmente responden que palabras de esa naturaleza no muestran sino prejuicio y estrechez de mente. Y agregan: "¿Y entonces, qué dices de todas las otras grandes religiones o de los grandes maestros?" Luego hablaremos de esto. Pero ante todo, tenemos que entender que aferrarse uno a algo que está basado en hechos no es prejuicio. ¿Decimos que un hombre tiene estrechez de mente por cuanto sostiene que si un individuo sale de un edificio de diez pisos al espacio, sin ninguna ayuda, se caerá? Nos corresponde averiguar si lo que creemos se basa en la opinión o en la verdad y cambiar nuestros conceptos a medida que aprendemos más.

Cuando los discípulos de Jesús dicen "único camino", no se debe a que están prejuiciados. De todas las personas del mundo, el verdadero discípulo de Jesús es el que tiene que estar más abierto a la verdad, y a cambiar sus conceptos a causa de la verdad, cuando sea necesario. Decimos "único camino", porque así lo dijo el Señor Jesús. Si en algún modo hay una verdad real, también hay lo que no es verdad. Si hay hechos buenos, también los hay malos. Y si hay realmente un

17

verdadero Dios, entonces es malo servir a cualquier otro. Cuando Jesús vino, no habló como cualquier otro hombre. No dijo: "Síganme, y yo los dirigiré por el camino". No dijo: "Les enseñaré la verdad". No fue como cualquier maestro que dice: "Les señalaré la vida". El dijo: "Síganme. Yo *soy* el camino. Yo *soy* la verdad. Yo *soy* la vida". Ningún otro maestro religioso de importancia dijo antes eso y lo probó. Jesús dijo cosas así, con lo cual se hizo diferente a cualquier otro líder espiritual de la historia. Si alguien no está de acuerdo con esto, su discusión no es con nosotros. Nosotros no dijimos eso. El mismo Jesús fue el que lo dijo.

Una cosa es hacer declaraciones como esa. Cualquiera puede decir: "Yo soy el camino". Pero cuando una Persona importante como Jesucristo lo dijo, sólo hay cuatro cosas que pueden ser ciertas con respecto a él. Como ves, Jesús dejó la huella más grande en la historia. En la *Enciclopedia Británica* se le dedica más espacio a él que a cualquier otro líder religioso de todos los tiempos. El nunca escribió un libro. Nunca condujo un ejército. Nació pobre. Sólo vivió unos 33 años. Pero causó en nuestro mundo mayor impacto que cualquier otro hombre. Y no se puede pasar por alto a una persona tan importante, si dice cosas como las que dijo Jesús. C. S. Lewis dijo que Jesús sólo puede ser una de las siguientes cuatro cosas.

(1) *Fue una leyenda.* En ese caso, no existió. Pero eso es absurdo. En la historia tenemos documentos, además de la Biblia, que prueban que Jesús realmente vivió en la tierra. Si ves cualquier calendario de 1982, te dice que hace unos 1982 años, vino alguien a este mundo que dividió la historia en dos partes. Nuestro tiempo se divide en dos trozos grandes: antes de Jesucristo y después de Jesucristo (a. de J. C. y d. de J.

C.). De ninguna otra persona se ha pensado que sea tan importante como él para que divida el tiempo así. No, Jesús no fue sólo un sueño o un mito.

(2) *Fue un mentiroso.* Algunos dicen: "Claro, yo creo que Jesús fue real, pero sólo fue un gran maestro moralista". Si Jesús *no* fue lo que él dijo que era, entonces no fue un gran maestro moralista. En ese caso fue el mentiroso más grande de la historia, porque él hizo las afirmaciones más grandes de la historia. Pero la vida y las palabras de Jesús no tienen falta. Ni siquiera sus enemigos pudieron demostrar que él alguna vez había mentido o había faltado a su palabra. El pudo decir: "¿Quién de vosotros me redarguye de pecado?" (Juan 8:46). Nadie pudo redargüirlo. No era un mentiroso.

(3) *Fue un lunático.* Casi lo único que puedes decir (fuera de tratar de probar que él realmente no afirmó lo que dijo en la Biblia) es que tal vez Jesús realmente pensó que él era lo que decía que era, pero estaba loco. Sin embargo, sabemos mucho acerca de la demencia hoy. Jesús no mostró ninguna señal de demencia, ni siquiera cuando estuvo bajo gran tensión o presión. No. El no estaba loco.

(4) *O él fue lo que dijo que era:* el Señor de la gloria. Centenares de millares de personas de todas las edades, razas y culturas han acudido a él, y han hallado que él es todo lo que afirmó ser.

3

¿QUE SUCEDERA CON LAS PERSONAS QUE NUNCA OYEN ACERCA DE JESUS?

"Porque cuando los gentiles que no tienen ley, hacen por naturaleza lo que es de la ley, éstos, aunque no tengan ley, son ley para sí mismos, mostrando la obra de la ley escrita en sus corazones, dando testimonio su conciencia, y acusándoles o defendiéndoles sus razonamientos" (Romanos 2:14, 15).

¿Cómo puede Dios juzgar a las personas que nunca oyen acerca de Jesús?

Ante todo, debemos saber que Dios es absolutamente justo. El es el Juez de toda la tierra, y hará lo recto. Es bondadoso y amante. Siempre mostrará misericordia y perdón cada vez que pueda, mientras eso esté en conformidad con su sabiduría. La Biblia dice que Dios dará "gloria y honra y paz a todo el que hace lo bueno, al judío primeramente y también al griego; porque no hay acepción de personas para con Dios" (Romanos 2:10, 11). Todo hombre, sin importar su cultura o su religión, va a ser juzgado recta y justamente por Dios. El nunca pasará por alto nada, ni cometerá error.

El problema de nuestro mundo es que las personas no quieren honrar a Dios. Todas saben algo acerca de la verdad y del bien, pero no obedecen ni siquiera esto. Nadie está perdido de Dios por simple ignorancia. Las personas que no han oído nunca acerca de Jesús no

serán juzgadas por rechazar el nombre o a la Persona
de Jesús. Serán juzgadas por rechazar lo que supieron
acerca de la verdad. Algún día los hombres sabrán que
la verdad *es* Jesús. El hombre que *no* ha oído la ley de
Dios, será juzgado en conformidad con lo que él realmente supo acerca del bien, y el mal, en su propia vida
y en el mundo que lo rodeaba. El hombre que *sí* oyó la
ley de Dios tiene doble responsabilidad. Cuanto más
sepamos, de tanto más seremos responsables, si
hacemos lo malo. Como ves, no sirve de nada saber
más acerca de Jesús que alguna otra persona, si aún
así no le obedecemos. Es peor para nosotros saber más
y no hacerlo. Cuanto más sepamos tanto más seremos
responsables delante de Dios.

Dios no está perdido. El está siempre aquí. Todos
los hombres pueden saber algo acerca de él. "Aquella
luz verdadera, que alumbra a todo hombre, venía a
este mundo" (Juan 1:9). Si algún hombre sólo obedece
la luz que Dios le ha dado, Dios buscará la manera de
ofrecerle más, suficiente para que acuda a Jesús. Al
hombre que está dispuesto a hacer lo que sabe que es
mejor y a tratar de honrar todo lo que sabe acerca del
verdadero Dios, se le mostrará más acerca de él. Dios
hallará la manera de hablarle acerca de Jesús y de su
sacrificio por el pecado. Cornelio (Hechos 10) y el etío-
pe (Hechos 8) son ejemplos de esto. Hay cierto número
de personas en la historia que han sido halladas por
Jesús de este modo, como Sundar Singh de la India, y
Sammy Morris de Africa. Si algún hombre realmente
quiere saber algo acerca del Dios verdadero, Dios le
hablará, aunque tenga que hacerlo directamente como
lo hizo con el apóstol Pablo. Ese orgulloso fariseo peleó
contra el Señor Jesús, a causa de su celo por aquello
que él pensaba que era el único Dios verdadero. "He
aquí que no se ha acortado la mano de Jehová para

salvar, ni se ha agravado su oído para oir; pero vuestras iniquidades han hecho división entre vosotros y vuestro Dios, y vuestros pecados han hecho ocultar de vosotros su rostro para no oir" (Isaías 59:1, 2). Lo único que Dios pide de cualquier hombre es honestidad para con él. El dice: ". . . y me buscaréis y me hallaréis, porque me buscaréis de todo vuestro corazón" (Jeremías 29:13). Dios se separa de nosotros sólo a causa de nuestro egoísmo y deshonestidad. *El* no está perdido. *¡El hombre* sí está perdido! Y cuando Dios se acerca y nos llama para que volvamos a la realidad de su amor y luz, el siguiente movimiento no le toca a él, sino a nosotros.

Dios no nos juzga por aquello de lo cual no tenemos conocimiento. No se aíra porque el pueblo no entiende. Estas no son las razones por las cuales Dios va a juzgar al mundo. Dios sólo juzga a los hombres por lo que éstos saben acerca del bien y del mal, y no han estado dispuestos a obedecer. ¿Y qué saben del bien y del mal las personas que nunca han oído acerca de Jesús? Piensa en un hombre que no sabe nada acerca de la Biblia. Pudiera pertenecer a alguna religión; pudiera no ser de ningún modo religioso. Sus padres tal vez crean en Dios; tal vez ni siquiera sepa quiénes son sus padres. Nunca ha conocido a un cristiano. Nunca ha leído un folleto evangélico. Tal vez nunca haya aprendido a leer. Este dice que no sabe nada en absoluto acerca de las leyes de Dios. ¿Es eso cierto? ¿Cuánto puede saber él acerca de lo que Dios espera de su vida? ¿Es verdad que sólo puedes saber algo acerca de las cosas rectas y de las malas mediante la enseñanza que sobre ello te den los padres, los cuales lo aprendieron en la Biblia?

La Biblia nos dice que tal hombre sabe suficiente acerca de lo bueno y lo malo, sin ninguna de las ventajas que pudiera tener un hijo de un hogar cristiano. Muchas personas no comprenden hoy cuánto puede saber una persona acerca de lo bueno, sin ser enseñada por ninguna otra persona. Y recuerda que crecer en un hogar cristiano, acudir a la iglesia y oir la predicación bíblica no constituye en absoluto ninguna ventaja, si no se obedece toda esta luz moral. Es algo horrible saber mucho acerca de Dios y de la Biblia y no hacer nada en relación con ello. Mejor fuera que nunca hubieras oído nada, y no haber oído para luego rechazar, pues en este caso el juicio será peor. En el siguiente capítulo veremos cómo juzga Dios al hombre que dice que no conoció el bien.

4

SI EN REALIDAD HAY INFIERNO, ¿ES JUSTO QUE LO HAYA?

"De manera que como se arranca la cizaña, y se quema en el fuego, así será en el fin de este siglo. Enviará el Hijo del Hombre a sus ángeles, y recogerán de su reino a todos los que sirven de tropiezo, y a los que hacen iniquidad, y los echarán en el horno de fuego; allí será el lloro y el crujir de dientes" (Mateo 13:40-42).

Tal vez una de las principales razones por las cuales la gente no piensa que el infierno es real o justo es que cree que las personas no son tan malas como para que se les dé cualquier clase de castigo. Hoy, la mayoría de las personas del mundo viven como si el mismo hombre fuera Dios. La vida humana ha llegado a ser el valor último. Y la vida humana *es* muy importante. La vida, la libertad y la felicidad deben mantenerse para todos los seres morales. Esa fue la razón por la cual Dios nos dio sus leyes. Estas protegen la felicidad de cada cual, incluso la de Dios. Y sabemos que la ley del amor es la más importante del universo. Es incluso más importante que la vida del individuo que la viola, pues no existe la seguridad de quebrantarla sin comenzar una cadena de pecado que finalmente terminaría en la ruina de todo el universo.

La vida humana es importantísima. Pero si el hombre hace algo que sea digno de muerte, tiene que perder su vida como castigo. Y el pecado es la maldad final. El pecado, si se deja sin ser castigado, asesinaría al universo, y si pudiera, derribaría a Dios de su trono. La Biblia fija el más serio castigo para éste que es el peor de todos los crímenes. Nos dice que "la paga del pecado es muerte" (Romanos 6:23).

¿Pero qué diremos de la persona que no distingue entre el bien y el mal? Si existe tal persona, puedes estar seguro de que Dios no la castigaría. Si realmente uno no supiera lo que es el bien y el mal, nadie podría acusarlo del crimen de egoísmo. Primero, pensemos en la idea del "bien". Todos sabemos que algunas cosas parecen más importantes que otras. Cuando tenemos que hacer una decisión, debemos actuar basados en lo que realmente comprendemos que es lo mejor.

El valor de alguna cosa nos dice lo importante que es. Esta es una verdad simple y primordial de nuestras mentes y corazones. Todos sabemos que, cuando tenemos que decidir entre dos cosas, tenemos que escoger la más importante. El *valor real* del objeto, su propia importancia es lo que nos dice qué debemos hacer. Esto es cierto en las cosas pequeñas (como cuando escogemos en una tienda entre dos pares de pantalones que tienen precios similares), y en las cosas grandes e importantes, como las relaciones entre las naciones. Y también es cierto en las responsabilidades de las personas unas con otras y con Dios. Lo más importante tiene que colocarse primero. Todas las cosas que se saben que son de menos valor deben colocarse en segundo lugar. Cualquier cosa de la cual se sabe que realmente es peligrosa o mala para nosotros o para otros, debe rechazarse.

Con esto también va la idea del juego limpio. Todos sabemos que debemos ser justos con los demás. Nin-

guna cultura o tierra ha admirado jamás a las personas por ser egoístas. Todos los individuos del mundo
saben que no deben ser egoístas, aunque *lo sean*. A
nadie le gusta que lo traten mal o injustamente. Esto
es cierto en todo el mundo. Es cierto con respecto a
personas que viven en tierras donde predomina la cultura o son primitivas, y donde predomina lo religioso o
lo agnóstico, lo avanzado o lo atrasado. A la gente no
le gusta el egoísmo. Lo desprecia. Dios también. El lo
llama "pecado".

Estas dos cosas constituyen la base en que Dios se
afirma para juzgar a la gente. Todo depende de lo que
las personas realmente conozcan del bien. Dios tiene
su manera de saber cuánto conoce un hombre realmente acerca del bien. El es muy justo. El probará a
todo hombre para ver si ha hecho lo justo con lo que
sabía en cuanto a la justicia. El no juzgará a los hombres por ninguna otra cosa. Y cuando alguno hace el
mal, tiene que ser castigado por ello. Esto no le ayuda,
pero ayuda a otras personas para que comprendan que
lo bueno tiene que ser honrado. La ley del amor de
Dios no obra por la fuerza. El sólo nos indica qué es lo
mejor, y nosotros tenemos que hacerlo, si queremos la
felicidad.

Nadie debe ser egoísta. El egoísmo cuesta demasiado y causa muchas heridas. Sólo puede lesionarnos a
nosotros mismos, a otros y a Dios. En este universo no
se puede confiar en ninguna persona que insiste en ser
egoísta. Tal individuo lo convertiría en un infierno.
Hay que hacer algo para impedir que las personas se
hagan mal unas a otras y a Dios. Dios ha hecho algo.
Nos dio límites dentro de los cuales tenemos que permanecer. Si quebrantamos estas normas, tenemos que
ser castigados. El castigo tiene que ser tan grande
como la ley que debe proteger. Cuanto más grande sea

el crimen, tanto mayor tiene que ser el castigo, para que sea justo. Y el pecado es el peor crimen del universo. Dios tiene que juzgarlo. No sería sabio si no lo hiciera. Cualquiera que esté encargado del universo tiene que tratar de que todos sean justos.

Dios ha establecido una pena muy seria para el pecado. Fue la peor que hubiera podido pensar. Es la muerte eterna; es decir, el hecho de ser separado finalmente y para siempre de las buenas cosas que provienen de servir a Dios y vivir rectamente. El infierno es simplemente el lugar a donde el hombre va por su propia cuenta sin Dios. ¿Y cómo es el infierno? Piensa en un hombre que vivió todo el tiempo para complacerse a sí mismo. No honró a Dios. El sacó de su corazón todo lo que hizo Dios para tratar de traerlo a la realidad. Dijo en su corazón: "No hay Dios". Rechaza todo lo que el amor de Dios puede hacer para llevarlo a abandonar su pecado. Ahora bien, si un hombre no puede ser cambiado por el amor de Dios, nada, ni siquiera un millón de años en el infierno, cambiará su mente. Los castigos no estimulan la confianza feliz. Y el infierno es el más bondadoso lugar en que Dios puede pensar para el ser humano que muere siendo aún egoísta. Durante toda su vida no quiso honrar a Dios ni buscar la felicidad de otros, excepto cuando el hacerlo sirvió de una manera mejor a sus fines egoístas. Siempre quiso vivir para sí mismo, sin tener que pensar en que Dios y los demás fueran felices. Y a la hora de la muerte, Dios en su infinita tristeza le concede la última petición. Va a un lugar donde no hay nadie a quien pueda herir o lastimar. Allí puede estar consigo mismo, y vivir para sí mismo para siempre. Eso es el infierno. Para el pecador, el cielo sería peor que el infierno. El infierno es un resultado del amor de Dios. Es el lugar más bondadoso en que Dios puede colocar a un hombre que se niega a vivir bajo el dominio de Dios. Ningún pecador se sentiría feliz ante la santa luz de Dios, ni con los santos de Dios. ¡El pecador se siente muy incómodo con el solo hecho de pasar *cerca* de alguna iglesia o de oir que alguien alaba al Señor!

5

¿Y SI TU AMIGO DICE QUE EL ES ATEO?

Ateo es el que dice que no hay Dios, o que no cree en Dios. Del ateo se pudiera decir mejor que es el que vive como si no existiera Dios. Muchas personas que acuden a la iglesia viven de esa manera. El que dice francamente que es ateo, tal vez sea más honesto consigo mismo que otros hombres.

¿Por qué dicen algunos individuos que son ateos? ¿Será porque se han sentado a meditar y, con un estudio honesto y verdadero, han examinado todos los hechos, y no fueron *capaces* de creer? ¿Es difícil para un individuo que realmente piense, creer en el Dios de la Biblia? ¿Se llaman ateos los hombres por el hecho de que son tan inteligentes y brillantes que les es absolutamente imposible tener cualquier clase de fe? No; eso no es cierto.

La Biblia nos dice muchas veces por qué la gente no confía en Dios o no tiene fe en él. No tiene nada que ver con lo inteligente que sea el hombre. Ha habido muchos hombres inteligentes que no creyeron en Dios. Ha habido muchos más que sí creyeron, aunque no todos éstos le sirvieron. Siempre ha habido un número de hombres realmente sabios que no sólo creyeron en Dios, sino que también lo amaron. El hecho de ser ateo no tiene nada que ver con ser un pensador o no. Muchas personas que son ateas no son inteligentes en absoluto. No; las personas se llaman ateas por diferentes razones.

Hay cuatro razones principales por las cuales ciertos individuos se declaran ateos. Ninguna de estas razones se basa en la razón. Generalmente lo que ocurre es que comienzan a vivir de tal modo que ofenden a Dios. En lo profundo de su ser comprenden que eso no está bien. Dios los molesta por ese motivo. Comienza a demostrarles que son pecadores. Ahora bien, si esto ocurre, ¿qué puede hacer el ateo?

Piensa en un hombre que anda en una habitación oscura con una linterna. El cuarto está lleno de personas que están haciendo cosas malas. El enciende su linterna y enfoca a alguno. ¿Qué piensas que hará esta persona? Puede hacer una de tres cosas: (1) Puede permitir que la luz demuestre lo que está haciendo. Puede ser honesto, admitir que está haciendo lo malo, y dejar de hacerlo. Cuando Jesús hace eso con un hombre, éste llega a ser hijo de Dios. (2) Puede salir corriendo de la luz hacia otro lugar oscuro para continuar pecando. (3) Puede tratar de *apagar* la luz para que no lo ponga al descubierto. ¿Cuál de estas tres cosas piensas que está haciendo el ateo que conoces?

El problema del ateo no es mental, sino *moral*. Su problema real no consiste en que no cuenta con suficientes hechos para confiar en Dios. Su problema reside en que ya se siente molesto por los hechos que conoce con respecto a la verdad y a Dios. Su problema no reside en su *cabeza*, sino en su *corazón*. No olvides esto. El no es ateo por carecer de hechos, sino porque no quiere hechos que lo hagan pensar en Dios. La Biblia dice: ". . . ellos no aprobaron tener en cuenta a Dios" (Romanos 1:28). Jesús dijo: ". . . los hombres amaron más las tinieblas que la luz, porque sus obras eran malas. Porque todo aquel que hace lo malo, aborrece la luz y no viene a la luz" (Juan 3:19, 20).

Las cuatro clases de ateos tienen todas el mismo problema. Las personas deciden negarse a hablar o a pensar acerca de Dios, a causa de estas cuatro clases de pecado:

1. *El orgullo.* El hombre que está en la fascinación de su propio ego está tratando de vivir como si él mismo fuera Dios. Realmente sí cree en un dios pero él se constituyó en su propio dios. Se adora a sí mismo, y le parece pésimo tener que preocuparse con respecto a un Dios real.

2. *La amargura.* Algunos jovencitos se sienten heridos en el hogar, en la escuela o por causa del sistema. Le echan a Dios la culpa de lo que ocurre, como Judas Iscariote, en el álbum "Superestrella". No comprenden cuánto *más* herido se siente Dios por las cosas que han ocurrido.

3. *El pecado sexual.* Muchas veces, la búsqueda de placeres por parte del hombre se encuentra obstaculizada por alguno de los límites de Dios, como la conciencia, la Biblia o el testimonio de un cristiano. A este hombre le parece más fácil simular que no cree en Dios que defender su pecado. Muchas personas que discuten acerca de Dios o de la Biblia se encuentran en esta categoría. Si uno examina sus vidas, lo descubrirá.

4. *El complacer a la gente.* ¿Y qué pasa si naciste en un hogar donde tu padre era un guardia rojo, o el presidente de la sociedad racionalista? ¿Qué ocurriría si tus compañeros fueran todos de las tres clases que acabamos de mencionar, y se llamaran a sí mismos ateos? Bueno, para permanecer con ellos, simplemente también te declararías ateo. Y tal vez ni siquiera te

preocuparas por hallar suficientes argumentos para defender tu pecado ante algún discípulo de Cristo que se meta en tu caso. Eso sería una vergüenza pues, aun en el mejor de los casos, la "fe" de un ateo sería muy tambaleante. Se necesita mucho más fe ciega para no creer de la que se necesita para conocer y servir a Dios.

Ella hizo una pequeña tumba en la sombra
El día cuando la fe murió;
Allí la sepultó, oyó caer los terrones
Y a un lado sonrió.
"Si pido menos", burlóse cegada por las lágrimas,
"Menos se me niega".

Se colocó una rosa en el cabello
El día cuando la fe murió;
"Ahora alegre", se dijo ella, "y libre al fin me voy,
La vida es amplia".
Pero por largas noches miró la oscuridad,
Y comprendió que había mentido.

Fannie Heaslip Lee

6

TODOS TIENEN QUE CONOCER LAS BUENAS NOTICIAS

"Porque el Hijo del Hombre vino a buscar y a salvar lo que se había perdido" (Lucas 19:10).

El Señor Jesús sabía que un alma vale más que todo el mundo. La mayor parte de su tiempo lo pasó simplemente hablando con personas acerca de la posición en que estaban para con Dios. El no escribió libros, aunque hubiera podido hacerlo. No entregó ni un folleto de evangelización. Nunca estudió un curso sobre cómo ganar almas. Nunca aprendió un plan sobre cómo ganar almas. Lo único que hizo todos los días fue "buscar y salvar lo que se había perdido".

El verdadero discípulo de Jesús lo sigue a él en el testimonio. No sólo *da* el testimonio; *es* en efecto un testigo. La tarea de alcanzar al mundo con el mensaje no es sólo para predicadores o pastores. Jesús la entregó a cada uno de nosotros como tarea de toda la vida. Cualquiera que sea nuestro trabajo en la vida, bien sea predicar, orar, escribir, diseñar, construir, comerciar o viajar, trabajar con nuestras manos, o mantener la casa o la propiedad, todo lo que hagamos tiene que hablar acerca del Señor Jesús y de su reino.

Tú tienes que consagrar todo lo que tienes y lo que eres a esta tarea, y pedirle a Dios que te dé el poder que prometió para llevar adelante la tarea. Jesús dijo: ". . . pero recibiréis poder, cuando haya venido sobre vosotros el Espíritu Santo, y me seréis testigos en Jerusalén (en casa), en toda Judea (nuestra vecindad inmediata), en Samaria (los proscritos de la sociedad), y hasta lo último de la tierra (toda nación y lengua donde Dios nos encomiende ser testigos)" (Hechos 1:8). Todo discípulo de Jesús es un misionero; todos los demás constituyen el campo misionero. Tu amigo tal vez cruce el mundo; tú tal vez sólo cruces la calle; pero todos tenemos el llamamiento a ser misioneros del Señor Jesús y ayudarlo a alcanzar al mundo con el mensaje de salvación.

Tú no tienes que aprender a ser testigo. Ya *eres* un testigo. Cada día, el mundo ve en tus palabras y tus obras quién es el que más significa en tu vida. Tú siempre le comunicas a la gente aquello en lo que realmente estás interesado. Tus acciones le dicen al mundo qué es lo que más amas. Cualquiera que te siga puede decir quién es el "número uno" en tu vida.

Todos los días eres un testigo. ¿Para quién eres testigo? Tu dios es aquella persona o cosa en la cual muestras mayor interés. La persona o cosa hacia la cual van tus pensamientos cuando no tienes ninguna otra cosa que hacer; aquello de lo cual quieres hablar más; lo que más te gusta leer; aquello en torno a lo cual gira tu vida. *Tu dios es la persona o cosa a la cual amas más y para la cual vives.* Si es cualquier cosa o cualquier persona fuera de Jesús, tus amigos íntimos ya lo saben.

Si tú te llamas discípulo de Jesús, ya has estado dando el testimonio, a favor o en contra de él. Si has afirmado que perteneces a él, pero tu vida no respalda lo que dices, la gente pudo haber dado la espalda a las buenas noticias por causa de ti. El Señor Jesús dijo: "El que no es conmigo, contra mí es; y el que conmigo no recoge, desparrama" (Mateo 12:30). Si quieres demostrarlo a él, realmente tienes que conocerlo.

¿Qué significa ser testigo? Jesús colocó su vida y el amor de su Padre en demostración ante el mundo. Ser testigo es compartir esa vida con otro; colocarnos en el lugar de otros lo mejor que podamos; identificarnos con ellos. Este es el verdadero testimonio. Cuando el mundo está perdido y huyendo de Dios, él tiene que ir en busca de los hombres. El ha decidido hacer esto a través de los seres humanos que lo aman a él. Por medio de sus vidas, él hablará en persona a los corazones perdidos; a través de sus manos, se extenderá hacia el mundo perdido.

Ser testigo significa ser honesto, absolutamente honesto. Dios odia a los hombres farsantes. Si tienes cualquiera otra razón para querer ser testigo, aparte de una real preocupación y amor hacia Dios y hacia el pueblo, olvídalo. Harás más daño que provecho. Sólo el amor ganará gente endurecida de la calle para Cristo. Este amor tiene que venir del corazón de Dios al tuyo. Significa preocupación por el Dios cuyo corazón ha estado afligido por el pecador y su pecado. Significa una vida de verdadera entrega, dar la fuerza y el tiempo y el cuidado. Y este amor no es sólo algo que uno siente. Es algo que uno hace, que se mide directamente por el sacrificio.

Ser testigo significa vivir como vivió Jesús. Nuestro mundo está lleno de gente egoísta que sólo piensa en sí misma, que sólo se preocupa por ella misma y vive para sí misma. Los amigos de Jesús tienen que ser diferentes. No haría ningún bien el salir a las calles a decir: "No me miren a mí como ejemplo. Estoy lleno de avaricia y deseos apasionados y odio y amargura. Mi vida es una horrible confusión. Quiero que miren a Jesús". Eso parece espiritual, pero no lo es. El pecador no puede ver a Jesús. El sólo puede verte a ti. Y tiene el perfecto derecho de decir: "Pero no puedo ver a Jesús. Sólo te veo a ti. Y si él no puede ayudarte a ti, ¿qué te hace pensar que pudiera ayudarme a mí?"

Para ser testigos de Jesús tenemos que vivir tan por encima de las normas y los valores del mundo que los incrédulos se den cuenta de ello y nos pregunten cuál es el secreto de nuestras vidas. Tenemos que vivir de tal modo que podamos decir con Pablo: "Lo que aprendisteis y recibisteis y oísteis y visteis en mí, esto haced; y el Dios de paz estará con vosotros" (Filipenses 4:9). Los hombres deben poder ser seguidores de nosotros y del Señor al mismo tiempo.

Todos tienen que conocer las buenas noticias. Sólo las conocerán, si practicamos una vida de gozo, de fe y de amor, de tal modo que podamos decir, en la energía de Dios: "Sed imitadores de mí, así como yo de Cristo" (1 Corintios 11:1).

> Somos la única Biblia
> Que el descuidado mundo puede leer;
> Somos el evangelio para el pecador,
> Somos el credo de los burladores.
> Somos el último mensaje de Dios,
> Dado en obra y palabra;
> ¿Qué pasará si las letras están torcidas?
> ¿Qué, si la impresión está borrosa?
>
> Autor desconocido

7

COMO EMPEZAR A HABLAR ACERCA DE JESUS

"Id por todo el mundo y predicad el evangelio a toda criatura" (Marcos 16:15).

No es difícil hablar acerca de una persona a quien amamos, ni hablar acerca de algo con lo cual uno se emociona y en lo cual ha estado pensando. Así es el hablar acerca de Jesús. Si vives en el amor de él, eso se manifestará en el testimonio. No conozco a nadie que antes anduviera por las calles en el pecado, y que fuera liberado por el poder del Dios viviente, al cual haya que decirle que tiene que dar el testimonio de Cristo. Esa persona *quiere* darlo. ¿Y por qué no? Si Jesús es el único camino; si el único camino es sólo *su* camino, entonces tenemos algo que arde en nuestros corazones y que tenemos que compartir con el mundo perdido.

Si no sientes el deseo de hablar de Jesús, algo anda mal. Acude a Dios. Haz que tu corazón sea quebrantado y purificado delante de él. Averigua qué es lo que él siente con respecto a la gente. Aprende a descansar en su amor hasta que crezcas en la fortaleza de él. Cuando el fuego arda dentro de ti tan fuertemente que tengas que hablar, estás listo para comenzar a hablar de Jesús.

Hay muchos métodos hoy para dar testimonio. Dios ha usado algunos de ellos para atraer a muchas personas al Señor Jesucristo. Gracias a Dios por los planes y esquemas que los cristianos han preparado y que han podido usar para testificar. Pero los planes tienen sus límites. Hay en las calles mucha gente joven que se rebela contra cosas como planes y programas. Toda la cultura *hippie* comenzó rechazando el modo mecánico de vivir y pensar. Algunos planes simplemente no sirven en las calles. Algunos jóvenes se van rápidamente cuando se les habla de un plan. Y tienen ese derecho. No somos llamados a divulgar planes. Somos llamados simplemente a hablar de corazón, y basados en la Palabra de Dios, acerca de Jesús.

Se logran cosas maravillosas en los corazones de las personas cuando aprendemos a recibir "las instrucciones" del Espíritu Santo en cada sitio en que nos encontramos con un individuo que está sin Dios. Si compartes un plan con la gente de la calle, pudieran pensar que los estás "persiguiendo" con tu plan. Si hablas acerca del Señor Jesús, ¡ya *sabes* lo que la gente de la calle pensará! Otra cosa que debemos pensar es la siguiente: si demasiadas personas tratan de usar el mismo plan con un hombre, la convicción de él pudiera convertirse en ira. Pudiera pensar que está siendo usado por un grupo que está alucinado. Y esa no es la manera de satisfacer las necesidades en Cristo.

Pasa más tiempo preparándote que aprendiendo planes. Dios no se preocupa con respecto al método ni siquiera la mitad de lo que se preocupa con respecto al hombre. *Los hombres* son los métodos de Dios; *los hombres* son los planes de Dios. E. M. Bounds, un famoso hombre de oración, dijo: "La iglesia está buscando mejores métodos; Dios está buscando mejores hombres".

Supongamos que tú ves a un hombre en un parque. Te das cuenta de que está pescando. Cuando te acercas ves que está pescando en un balde. En él no hay peces. Le preguntas amablemente:

—¿Has pescado algo?

—No —responde—, pero creo que sé qué es lo que pasa.

(Tú piensas para ti mismo: "¡Yo también sé qué es lo que pasa!")

—La razón por la cual no he pescado nada aún —dice— es que estoy usando un anzuelo y una carnada que no corresponden. Cuando cambie la carnada y el anzuelo, probablemente tendré más éxito.

Cuando te apartas de él, sabes dos cosas: que algo está mal en él, y que está pescando en un sitio equivocado.

Estos son los problemas de la mayoría de las personas que no saben pescar almas: algo está mal en ellas, o están pescando en el lugar donde no corresponde. ¡Hay que aclarar la cosa! Entonces tendrás algo que decir y el valor para decirlo. Entonces, sal a donde está la gente. No esperes que los pecadores acudan a ti. Si lees la Biblia, sabrás que la gente huye de Dios, no lo busca. Debes esperar que los pecadores te evadan. Pero ámalos como Dios los ama. Y vé a donde ellos están. Si vives cerca de la playa y allí es donde ellos están, vé a la playa. Si tu campo misionero está en las calles, vé a las calles.

Pero usa la cabeza. No te dirijas a una persona que está ocupada haciendo alguna otra cosa, para tratar de hablarle acerca de Jesús. Pide a Dios que te guíe hacia los individuos que no están haciendo nada. Trata de hallar a los solitarios, a los que tienen tiempo disponible, a aquellos de los cuales puedes hacerte amigo para decirles lo que te ha ocurrido a ti. Vé a donde la gente puede escuchar.

Prueba en las estaciones del tren, en las terminales

de pasajeros. Vé a las terminales aéreas. Muchas personas tienen tiempo disponible, y puedes conseguir la oportunidad de hablar con ellas allí. Si tienes material de lectura que se refiera a Jesús, ellas pudieran estar más dispuestas a leer, que si trataras de entregarlo en la calle, o en un supermercado, o en una tienda.

Haz la prueba en los bancos de los parques. Muchas veces la gente se sienta allí a esperar que algo ocurra. ¡Sé *tú* el suceso! Acércate con una sonrisa y con el amor de Dios.

La institución educativa es un inmenso campo misionero. Si aún estás estudiando, tienes uno de los grupos más grandes de muchachos para hablarles. No tendrás otro así durante mucho tiempo.

También puedes ir de casa en casa. Puedes ir a los grandes eventos deportivos, donde mucha gente estará sentada, esperando que comience el juego o la carrera. Es bueno ir a cualquier lugar donde haya mucha gente. Pídele a Dios que te ayude a ser sabio. Dios te mostrará cuáles son las personas que están hambrientas de algo real. Pídele que te dirija por su Espíritu. Serás atraído hacia diferentes personas, según el Espíritu Santo te dé un empujoncito en esa dirección. Aprende a oir su voz. ¡Y trágate el temor! Todos nosotros nos asustamos algunas veces por lo que la gente piensa de nosotros, o por lo que nos diga cuando le hablamos acerca de Jesús. Es natural sentir temor; es sobrenatural ir adelante, de todos modos, y hablar lo que Dios ponga en nuestros corazones, pues estamos preocupados por aquella persona a quien hablamos.

Las cárceles y los hospitales pueden otorgar permisos para visitar en esos lugares y hablar de Cristo. Las universidades y las escuelas tienen centenares de jóvenes con los cuales puedes hablar y a los cuales puedes

dar folletos a la hora de la salida. Lleva la literatura
de Jesús por todas partes. Envíala por correo. Adorna
tus sobres con mensajes para los que trabajan en el
correo. La mejor manera de aprender a dar el testimonio de Jesús consiste simplemente en comenzar.

De súbito, ante mi abierta visión interna,
Millones de caras se apiñaron a la vista;
Tristes ojos que decían: "Para nosotros no hay
   provisión,
Danos también tu Salvador,
Danos tu copa de consolación;
Ve, a nuestras manos extendidas esto nunca llegó, y,
Sin embargo, el nuestro es el deseo de toda nación;
Oh Dios, ¡*morimos tan pronto*!"

8

HAZLO A LA MANERA DE DIOS

"Y como Moisés levantó la serpiente en el desierto, así es necesario que el Hijo del Hombre sea levantado, para que todo aquel que en él cree, no se pierda, mas tenga vida eterna" (Juan 3:14, 15).

No tienes que saber mucho para dar el testimonio a la manera de Dios. En el próximo capítulo verás que dar el testimonio de Cristo es algo muy sencillo. Un paso básico traerá la persona a Jesús. Si lo da, será salva. Pero tú, como discípulo de Jesús, debes saber más cuando compartes con otros las buenas noticias de la salvación. Cuanto más sepas acerca de Dios y de sus caminos, tanto más eficaz será tu alcance. Hay algunas cosas que generalmente suceden en toda verdadera conversión. La persona comprende su culpa delante de Dios, y está dispuesta a reconocer, odiar y abandonar su pecado. Confía en el Señor Jesús de todo corazón. Ten en mente estas cosas cuando hables con personas que están indiferentes hacia Dios.

Toda felicidad depende de que vivamos sin egoísmo. El egoísmo es la raíz de todo problema a que nos enfrentamos hoy. Es malo por cuanto siempre hiere a alguien, en alguna parte. Sin egoísmo, estaríamos libres para construir un bello mundo.

Fuimos hechos para ser guiados mediante la confianza en un líder sabio y amante, no por la fuerza. Por esta razón, el pueblo necesita un gobernador que nos muestre qué es lo más sabio y nos diga qué es lo que debemos hacer. Ese líder tiene que ser sabio y digno de confianza, siempre justo y perfectamente amante. El que tiene el supremo derecho de dirigir el mundo es el más fuerte, más sabio y el mejor.

El Dios de la Biblia es la única Persona que tiene absoluto derecho de guiar y dirigir nuestras vidas y las de todos los demás en el universo.

El no tiene este derecho por el solo hecho de que creó nuestra raza, o porque es la Persona más fuerte del universo, ni siquiera porque nos ama supremamente. Tiene derecho a ser nuestro Líder porque necesitamos una persona como él para ser felices y vivir juntos en armonía. El es el único que está capacitado para esta tarea.

¿Por qué debe él ser nuestro líder? El está en todos los lugares al mismo tiempo, de modo que sabe lo que está ocurriendo siempre en todas partes. El sabe todo lo que puede conocerse, plena y perfectamente, de modo que tiene perfecta sabiduría. No hay problema demasiado difícil para él; no hay nada que le sea secreto. Tiene ilimitadas energías y poder para ayudarnos y respaldar lo bueno. El es el único ejemplo de perfecta justicia y total abnegación en nuestro universo. Es el único que nunca ha estado indeciso con respecto a lo que hay que hacer.

Las capacidades de Dios nos obligan a seguirlo y lo obligan a él a dirigirnos. Rechazar egoístamente a esta clase de rey es algo tan estúpido, tan peligroso para todos y tan nocivo para la felicidad de otros, que merece castigo. El pecado o egoísmo es el corazón de los malos hechos. Consiste en negarnos a honrar a Dios como Dios. Si el egoísmo queda sin control, se levantaría y asesinaría el universo.

Por el hecho de que el pecado es tan terrible mal,

Dios se guarda contra él mediante un castigo igualmente terrible. El castigo se llama la muerte eterna. Es como una pena de muerte a nivel humano, pero impuesta a nivel eterno. El hombre que se niega a vivir con sabiduría y amor, y que se levanta contra la suprema felicidad, tiene que ser cortado del universo del cual se ha negado a ser una parte feliz. Este castigo le duele a Dios, pero no lo puede suspender sabiamente, sin colocar en su lugar algo que haga lo mismo. Si lo elimina para mostrar misericordia, eso degradaría la norma del derecho. El castigo protege a la ley. Cualquier ley que no contemple el castigo sólo es un consejo, y la ley del amor de Dios es mucho más que un consejo. Es la regla básica del universo. Todo depende de ella. *Tenemos* que hacer lo bueno, de lo contrario, el resultado será terrible destrucción universal. Esto es lo justo para todos. Es el único camino justo para asegurar que nadie utilice egoístamente a los demás; nadie comprará el poder o el placer con las vidas y la felicidad de los demás.

Vive con estas verdades hasta que ardan en tu alma. Lee la Biblia hasta que comiences a ver como Dios ve. Estudia cómo ella habla acerca del grande y sabio reino de Dios. Averigua cuán bueno es él, por qué servirle es el acto más valioso del universo. Digámoslo en una sola declaración: *¡Dios merece ser el primero, porque él es el más grande!*

¿Recuerdas la historia del hombre que halló un tesoro escondido en el campo? Tan pronto como vio las joyas, vendió todo lo que tenía para comprar el campo. ¿Por qué? Porque sabía lo que valía. Fuimos hechos para escoger lo que realmente vemos que es lo más valioso. La bondad de Dios, lo que es el Señor Jesús, la belleza y el poder del Espíritu Santo son los que hacen que el hombre comprenda la verdad, y luego se entregue a ella. ¿Comprendes por qué Jesús dijo: "Y yo, si fuere levantado de la tierra, a todos atraeré a mí mismo" (Juan 12:32)? El es el Amigo de los pecadores. Es el supremo Amante. Y una mirada de fe a su amor salvará.

No te sorprendas si la persona con la cual estás hablando no se interesa por Dios. No fue sorpresa para Jesús, quien experimentó el desprecio de que los suyos no lo recibieran. Para que la gente se convenza, realmente tiene que comprender su egoísmo. Los individuos tienen que comprender lo que el pecado les ha hecho a ellos, a otros y a Dios.

Permite que ellos vean una vislumbre de Cristo en tu vida. La luz pone al descubierto las obras que se hacen en la oscuridad. Permite que vean en ti el amor de Jesús hacia ellos. (Una rosa hará más que un paquete de semillas para hacer que un hombre quiera cultivar flores.) Si a ellos no les interesa, muéstrales que *a ti* sí te interesa, por cuanto *a Dios* le interesa. Eso fue lo que hizo Jesús. Así es como tienes que hacerlo a la manera de Dios. Dios tiene el supremo derecho a la vida de todos. El *merece* lo primero y *tiene* que ser el primero. Todo hombre que no le permita a Dios ser su Dios es a la vez necio y un peligro para el mundo.

Algunas veces encontrarás personas a las cuales el Señor ya ha hablado. Te asombrará saber con cuántas personas ha tratado el Espíritu de Dios en sus corazones mucho antes que tú llegaras. Pregúntales: "¿Ha tratado Dios contigo alguna vez antes?" Tal vez no las halles indiferentes, sino convencidas. Muchas personas saben realmente que sus vidas andan mal. Saben que tienen una deuda con Dios que no podrán pagar nunca. Por eso tienen temor de hablar acerca de él. En lo profundo de sus corazones saben que están mal, pero no saben que hay una salida. Para algunos, el suicidio parece ser la única solución para su culpa y dolor.

Dios, en su amante sabiduría, ha hallado la manera de restaurar a las personas atrapadas en la ola del egoísmo. El ha hecho una oferta de misericordia de dos maneras maravillosas:

1. *Indirectamente:* diciéndonos, a través de otros individuos que lo conocieron y lo amaron, que quiere perdonarnos. La Biblia es esta historia compendiada. Nos dice por qué él nos hizo, qué es lo que él quiere para nosotros, y qué ha ocurrido a causa de nuestro pecado. La parte más sorprendente de esta historia es que, a pesar de nuestra maldad, de que nos negamos a buscarlo a él, ¡él aún nos ama! No está amargado con su descarriada creación. Dios es el único que está apesadumbrado, terriblemente apesadumbrado, pero anhela restaurarnos.

2. *Directamente:* encontrándose con las personas. El más asombroso de estos contactos ocurrió hace unos dos mil años. Tal acontecimiento partió la historia por la mitad. El mismo Dios se hizo hombre, y vivió entre nosotros durante unos 33 años para mostrar su interés y preocupación por nuestra raza. Dios vino a nosotros en carne humana, en la Persona de Jesucristo. Nació de una manera única, vivió de un modo incomparable, murió de acuerdo con las profecías, y se levantó triunfante de entre los muertos.

Su misión terrenal fue triforme: (1) mostrarnos cómo era nuestro Creador realmente; (2) mostrarnos cómo se suponía que debíamos vivir; (3) agonizar hasta la muerte por amor a nosotros y como Sustituto por el castigo de nuestros pecados.

Ahora él puede perdonarnos y restaurarnos a su familia basado en dos condiciones: el *arrepentimiento,* es decir, nuestra disposición a abandonar nuestra antigua manera egoísta de vivir, cueste lo que cueste: planes, orgullo, o imagen pública; la *fe,* es decir, nuestra confianza en que Jesucristo toma nuestro lugar para recibir el castigo por nuestro pecado, y en que lo amaremos y le obedeceremos como a nuestro Señor y Dios.

Este rendimiento tiene que ser de corazón (nuestra determinación final). Se centra en torno a un punto particular de obediencia. Esto es generalmente lo que estamos menos dispuestos a hacer para Dios. Cuando uno se rinde en este aspecto, se produce un clímax transformador del egoísmo hacia el amor que la Biblia llama "nacer de nuevo".

La obediencia a Dios en este punto crítico nos hará libres, pues el mismo Cristo entrará en nuestras vidas. Si haces algo por el solo hecho de que Dios te lo pide, tu vida cambiará. Tú puedes decir a cualquier persona que no conozca a Jesús, cualquier cosa que la conduzca a abandonar su egoísmo y a rendirse al amor de Dios en Cristo. Escucha cuidadosamente, y el pecador te dirá cuál es su "dios". Si te pregunta: "¿Tengo que abandonar. . . ?" no le contestes: "No se preocupe por eso". Eso es *precisamente* lo que el Espíritu Santo está tratando con él. Dile más bien: "Sí, tendrás que abandonar eso; y probablemente eso será lo *único* que tendrás que abandonar, por el hecho de que ese es tu dios, de eso estás esclavizado".

Entonces, ¡dar el testimonio a la manera de Dios es muy sencillo! Nuestra tarea consiste en ayudar al pecador para que se vea tal como es delante de Dios, y luego señalarle a Jesús. Si nuestras vidas son una representación de la amistad con Dios, de su amor y preocupación, el pecador puede ver el evangelio en demostración. Y si entonces él le concede a Dios el lugar que le corresponde, nunca volverá a ser el mismo. Sólo se necesitan dos pasos: *abandonar* y *entregarse*. Pero no encubras el costo cuando le hables al pecador convencido. No lo hagas más fácil de lo que lo hizo Jesús. Sólo hay un camino: el camino de él. No podemos quebrantar su patrón sin equivocarnos en algo.

9
¿QUE LES DIREMOS A LOS NUEVOS CONVERTIDOS?

¿Qué instrucciones das tú a la persona que quieres conducir a Cristo? Si estás seguro de que entiende lo que significa entregar todo a Dios, y crees que la persona está dispuesta a recibir a Jesús, ayúdale primero a orar. Puedes sugerirle lo que debe decirle a Jesús. Repite esto un par de veces para asegurarte de que entiende. Dale instrucciones *completas*.

Incluye la instrucción de que tiene que apartarse totalmente de todo pecado conocido y hacer una entrega de todo corazón a Cristo como su Señor. Pregúntale: "¿Está usted dispuesto a entregar toda su vida a Dios? ¿Entiende usted lo que le costará? ¿Está dispuesto a hacer cualquier cosa que el Señor quiera que haga? ¿Está usted dispuesto a abandonar cualquier cosa o a cualquier persona que le impida esto?" Si vacila, todavía tendrás algo que hacer. Tienes que descubrir el dios que está escondido en el corazón de la persona. El individuo tiene que orar con completa honestidad y de todo corazón a Dios, pues de lo contrario el Señor no contestará.

Si dice que está listo y dispuesto a hacer lo que Dios le exija, pregúntale: "¿Quiere usted hablar con Dios y decirle que lo necesita?" Si piensas que él no sabe qué decir, pregúntale: "¿Quiere usted orar conmigo ahora?" Si dice que sí, coloca tu mano sobre su hombro e inclina tu frente junto con él. Algunas veces ayuda si los dos se ponen de rodillas delante de Dios. Pon cuidado al Espíritu Santo, y permítele que te diga lo que debes hacer en ese momento. Luego, tú mismo debes orar primero. Habla con Dios a favor de tu amigo. Dile algo como lo que sigue: "Padre, aquí está Fulano de Tal, quien ha venido esta noche a entregar su corazón a ti. Le he dicho lo que le costará servirte. El está dispuesto a pagar el precio. Ahora, él mismo quiere hablar contigo y decirte en sus propias palabras que ha terminado su pasado egoísta y que quiere que tú cambies su vida. Padre, esta pudiera ser la primera vez en su vida en que ha sido sincero contigo. Muéstrate a él, ya que él es honesto de corazón. El te va a hablar".

Espera que el otro individuo ore. Si te parece que le es difícil, dile otra vez tranquilamente, aún con los ojos cerrados, lo que Dios está esperando oir de él. Dile: "Adelante. Dígale ahora al Señor que usted ha terminado con el pecado, y que quiere servirle a él". Si no puede recordar lo que debe decir (muchas personas se muestran tímidas la primera vez que hablan con Dios), o si parece que no va muy lejos en su oración, simplemente, interrúmpelo, y dirígelo para que repita contigo las palabras. Tales palabras pueden ser como las siguientes: "Querido Señor Jesús, perdóname, por favor, mi modo egoísta de vivir. Admito ante ti, tan honestamente como lo sé, que te he herido. También he herido a otros. Me he hecho mal a mí mismo. A ti te he ofendido más que a todos. Siento mucho el hecho de haber vivido en forma tan corrompida. Me aparto de esa vida. La odio. La abandono. Límpiame con tu sangre. Te entrego mi corazón y mi vida. Cámbiame ahora mismo. Dame un comienzo nuevo en la vida. Ven a mi corazón. Hazme tu hijo. Sálvame de mi pecado. Ahora mismo, Señor. Ahora mismo. Te lo pido en el nombre de Jesús. Amén".

Cuando el individuo termine, prueba su fe. En el momento en que termine, pregúntale sosegadamente: "¿Realmente pidió usted en serio lo que acaba de pedir?" No lo amenaces ni muestres sospechas. Simplemente míralo directamente. Si aún no se siente seguro, vuelve a repasar para ver qué es lo que el individuo ha retenido. Hay algo que todavía no ha rendido. No temas penetrar más profundamente cuando entiendes que hay duda o incertidumbre.

El Espíritu de Dios sabe cuándo ha ocurrido un cambio real, y puede permitir que tú lo sepas. Si el individuo responde de una manera firme que *sí* lo hizo en serio, puedes preguntarle: "¿Le gustaría darle las gracias al Señor por lo que acaba de hacer a su favor?" Luego, déjalo que ore en alta voz por su propia cuenta. Sería una buena idea dejarlo a solas con su Señor un poco, mientras aprende a dar las gracias a Dios. Mientras tanto, tú puedes conseguir algún material de consolidación para dárselo. Dile que vuelva al lugar donde tú estás cuando haya terminado de hablar con Dios.

Hay unas pocas cosas que *no* debes hacer. No le digas: "Es difícil ser cristiano". La Biblia dice: ". . . el camino de los *transgresores* es duro" (Proverbios 13:15). Jesús dijo: "Porque mi yugo es fácil, y ligera mi carga" (Mateo 11:30). Puedes decirle que tendrá pruebas, pero que el amor del Señor le dará la victoria.

No le digas: "¡Ya es usted salvo!" Es mejor dejar eso entre el individuo y Dios. La vida de él demostrará si su experiencia fue real o no. No te encargues de mantener el registro en el libro de la vida; tu tarea es la de allanar el camino. No trates de hacer la parte de Dios, tratando de asegurarle que ya es salvo. Si le dices que *es* salvo, y *no* lo es, él confiará en tu palabra, y no en la de Jesús. Posteriormente, si no se le ve el fruto adecuado, te tocará a ti mantenerlo correctamente, y no a Jesús.

No le preguntes: "¿Qué *siente* usted?" La vida cristiana no depende de lo que sentimos. ¡Si el individuo realmente es salvo en ese momento, se sentirá muy bien! Pero permite que *él* te lo diga, y no le llames indebidamente la atención hacia ese aspecto.

No le digas demasiadas cosas. Guarda parte de la instrucción para la próxima vez cuando te veas con el individuo. Y no lo prepares para cuando vuelva atrás, ofreciéndole pasajes bíblicos para cuando caiga en pecado. (Si lo haces, no te sorprendas si *él* cae.)

Antes que la persona se despida, asegúrate de obtener su nombre y dirección. Dale también un folleto en que aparezca tu nombre y dirección. Luego pídele que te escriba o que se ponga en contacto contigo en el término de una semana. Anímalo a que busque la compañía de discípulos verdaderos de Jesús que aman a Dios con todo su corazón. Llévalo tú mismo a la reunión, si te es posible. No lo dejes suelto de tal modo que vaya a parar con algún grupo de hipócritas descuidados en la fe, que le maten el nuevo gozo que tiene en Jesús. Enséñale a disfrutar del amor y del favor de Dios. Explícale que su corazón siempre debe tener paz interna y disfrutar de la sonrisa de Dios. Dile que la única prueba real de su salvación es el hecho de que él ama y obedece a Dios de todo corazón. Todo lo que él es y lo que tiene, ahora le pertenece a Jesús. Y no lo dejes que se vaya hasta que hayas orado una vez más brevemente por él. Pídele a Dios que lo bendiga, y lo use y lo haga un verdadero hombre de Dios.

Es magnífico cuando se logra que el nuevo convertido entre en alguna forma de testimonio para Dios tan pronto como sea posible. El que confiesa con su boca al Señor Jesús es el que tiene la salvación. Para hacer esto, utiliza los principios de confesión y restitución, de perdón y entrega de los derechos propios. Dile que regrese a su hogar, y haga una lista de todo lo que ha hecho que ha ofendido a Dios, y que luego la queme como símbolo de que quema los puentes que conducen a su vida antigua. Dile que le pida al Señor que ponga en su mente a alguna persona con la cual Dios quiere que él arregle cosas pendientes. Luego ayúdale a redactar una carta para pedir perdón. Pónganse de acuerdo en cuanto a algún tiempo en que él va a hacer eso, y ora por él durante ese tiempo. Todo lo que él comience a hacer para Dios, no sólo lo incluirá de inmediato en el servicio de Dios, sino que también servirá como una poderosa prueba ante el mundo de que su vida ha cambiado.

10

PRIMERO HAY QUE HACERSE AMIGO DE UNO MISMO

"Porque nadie aborreció jamás a su propia carne, sino que la sustenta y la cuida, como también Cristo a la iglesia" (Efesios 5:29).

Cuando yo era pequeño, mi madre solía dejar a mi hermanita para vigilar la tienda mientras ella iba a tomar una taza de té. Mi hermanita arruinaba muchos de los negocios de mi madre pues cada vez que entraba una matrona corpulenta con mucho dinero, mi hermana llamaba a mi mamá con una voz tan alta que podía oirse a una cuadra: "¡Mamá, aquí está una señora gorda y vieja que quiere hablar contigo!"

Ese es el problema que hay con los pequeñitos. Ellos dicen lo que piensan y sienten. No han aprendido a disimular como los mayores. Son reales y honestos. Sólo cuando son más crecidos y más sofisticados, aprenden a "disimular" *todo* el tiempo, aun cuando el asunto sea serio y ya no haya nada de juego. Tal vez esa sea una razón por la cual el Señor Jesús dijo: ". . . si no os volvéis y os hacéis como niños, no entraréis en el reino de los cielos" (Mateo 18:3). Una de las cosas más bellas del evangelio es que tiene el poder de hacer que volvamos a ver las cosas como los niñitos.

Un problema que existe hoy con los mayores es que han perdido los ojos de niños. Han olvidado lo que significa el asombro. Esto es triste, porque cuando uno pierde la capacidad de asombrarse, también pierde la capacidad de soñar. Vi una vez un cuadro en San Francisco. En él había dos niñitos: un varón y una niñita, de pie en el campo. En el cuadro, todos los colores eran castaños y grises: la grama, el cielo, la misma tierra parecían estar muertos. Aun el sol era un duro disco blanco en el cielo. No había nubes, ni árboles, ni aves ni otros animales. Lo único azul de todo el cuadro eran los ojos de los niños. Sus ojos eran grandes, como los de aquellos tristes cuadros de niños extraviados en la calle que lo hacen llorar a uno. Pero lo aterrador era que los niños tenían los ojos bien abiertos; miraban todo lo que les rodeaba, pero sus ojos eran como dos hojuelas de vidrio azul. Dentro de ellos no había nada. Estos niños eran como dos muñecos muertos en un mundo muerto. Y cuando los niños pierden sus sueños, se les acaba el mundo.

¿Alguna vez has deseado volver a ser un niño que pueda soñar y asombrarse? Ha llegado el momento de que te hagas amigo de ti mismo. Si el Señor Jesús cambió verdaderamente tu vida, sabes lo que significa "nacer de nuevo". Significa que puedes comenzar por completo de nuevo con una vida completamente nueva, una vida de Dios. Lo corrompido del pasado, todo ha quedado atrás. Todo lo que pertenecía a tu antigua vida está muerto y enterrado. Y hay algo que Dios puede hacer en tu vida: puede devolverte el sentido de maravilla y asombro. Ningún discípulo de Jesús puede pasar una hora en la presencia del Dios viviente, sin sentirse como un niñito. El hecho de llegar a ser un verdadero discípulo puede despojarte de toda tu antigua sofisticación y falsedad. El puede hacerte honesto, abierto, franco y tan claro como una corriente de nieve. Este es el primer paso para hacerte amigo de ti mismo: entrega a Dios tu vida vieja con toda su putrefacción y mezquindad. Permite que él le ponga fin para tu bien. Aprende lo que significa "nacer de nuevo" y volver a ser como un niñito.

Llegar a ser como un niño significa regresar al tiempo anterior a aquel en que aprendiste a disimular. Y eso es lo que significa ser humilde delante de Dios: estar uno dispuesto a ser conocido y aceptado según lo que realmente es. Cualquiera otra cosa te llevará a un mundo de irrealidad y de vida falsa. Si a sabiendas, estás viviendo falsamente, no puedes ser amigo de ti mismo. Si no eres amigo de ti mismo, también te será difícil hacerte amigo de otros. Si no has sido honesto con Dios con respecto a lo que realmente eres ante los ojos de él, hallarás que eres culpable de lo siguiente:

1. *Del temor de la multitud.* "Nadie me ama; nadie me quiere; siempre me quedo afuera". ¿Eres tímido? ¿Te parece difícil hacer amigos? Esto indica una cosa: piensas demasiado en ti mismo. No has acudido a Jesús para que él te limpie por completo y te haga suficientemente honesto para que disfrutes el vivir contigo mismo. Y si tú no te gustas a ti mismo, ciertamente no querrás mostrar ese yo a otros.

2. *Preocupación por las apariencias.* ¿Te has descubierto a ti mismo diciéndote todo el tiempo: "Siempre tengo una horrible apariencia; nunca estoy bien vestido; mi cabello es siempre un revoltijo; mi cara tiene una apariencia terrible"? El exceso de preocupación por las apariencias es otra señal de un corazón egocéntrico. Tu problema no está afuera, sino adentro. Cuando tú aprendas a estar en condiciones de pureza delante de Dios, tu rostro comenzará a cambiar para igualarse con tu corazón. Y comenzarás a olvidarte de lo que la gente pudiera estar pensando de ti, por cuanto más bien tú estás pensando en las necesidades de los demás.

3. *Un cristianismo lúgubre.* "Nadie realmente entiende mi caminar con el Señor; Dios me ha llamado para hacer una obra que ningún otro cristiano reconocerá; tengo un ministerio especial que ninguna otra persona ha tenido jamás, ni lo tendrá". Palabras como éstas revelan una fascinación que no se funda en una tranquila y feliz comunión con Dios. Hay algunas personas que parecen hacer demasiado esfuerzo para ser discípulos de Jesús. Nadie pudiera decir jamás que no tienen entusiasmo; ellos acuden a todos los cultos que se presentan. Pudieran gritar más que cualquier otro, saltar muy alto y orar en público en alta voz más que cualquiera otra persona. Tratan de ser superestrellas espirituales. Uno puede distinguirlos rápidamente; siempre están señalando lo que anda mal en todo y en todos. Aparentemente Dios los ha llamado para un ministerio de condenación.

Pero algo anda mal en alguna parte, y todos los discípulos libres de Jesús se darán cuenta de ello. El celo de las tales personas no suena a verdadero. El fruto del Espíritu no se manifiesta en sus vidas. Sus reacciones son malas dondequiera que se hallan. Parece que viven al borde de la quiebra espiritual. Y la causa de mucho de este cristianismo falso es la misma que en los casos anteriores: el hecho de no amarnos ni aceptarnos a nosotros mismos y a nuestros ministerios *tal como son* delante del Señor, con sus debilidades y fallas.

Los cristianos farsantes no han aceptado sus propias limitaciones personales, aquellas cosas que claramente no pueden hacer ni ser. No han aprendido a estar satisfechos sólo con el amor de Jesús. Su alucinación es simplemente otra forma de orgullo, y no mejorarán nada hasta que realmente se humillen delante del Señor y confiesen honestamente el hecho de que Dios no estuvo presente en el 99,9 por ciento de aquellas cosas que dijeron que él les había dicho que hicieran.

4. *Un espíritu crítico.* ¿Te parece que siempre estás diciendo: "Nada de lo que yo hago me sale bien"? "¿Por qué ella hace las cosas siempre tan bien, pero las mías siempre resultan horribles?" "¿Qué derecho tiene él de que todo le sea favorable?" ¿Estás tú siempre en discusiones con otros? ¿Criticas abierta o secretamente a las personas que te rodean? ¿Sientes como si tu propia vida fuera una gran guerra?

Todas estas son señales de que un individuo no se ha hecho amigo de sí mismo. Ahora bien, yo no sé por qué tú eres así. Tal vez se deba a que siempre quisiste ser como alguna otra persona que admirabas mucho, pero nunca pudiste. Tal vez has tenido alguna cicatriz o deformidad, bien causada por algún accidente o congénita que, ante tus propios ojos, te ha dado una apariencia peor y más fea que la de los que te rodean. Tal vez en lo profundo de tu corazón estés disgustado con Dios por cuanto piensas que él tiene la culpa de la manera como eres. Cualquiera de estas cosas pudiera ser la razón de que te odies a ti mismo. Pero ninguna de esas razones es buena. Todas son simplemente formas de orgullo. Y éste quebranta todo mandamiento básico de la Biblia.

Cuando tú tienes esta clase de orgullo, eso no significa que piensas que eres *mejor* que los demás; significa que te tratas a ti mismo como si fueras *inferior* a los demás. El orgullo no sólo consiste en pensar *demasiado* de uno mismo; también consiste en considerarse uno mismo *inferior*, despreciando así la propia vida especial como una de las creaciones de Dios. El orgullo consiste en que pienses demasiado en ti mismo, y no pienses lo suficiente acerca de los demás. Eso quebranta el primero de los Diez Mandamientos; tú te haces un dios al preocuparte y pensar siempre en ti mismo, y permitir que toda tu vida gire en torno a ti mismo. No estás contento con lo que tienes y eres; quebrantas la ley de Dios que dice: "No *codiciarás*". Presentas una fachada falsa ante los demás, al pretender que eres diferente de lo que realmente eres. La ley de Dios dice: "No darás *falso testimonio*". Tu manera rara de vestir, o tus acciones raras, hacen que las personas aparten los ojos de Dios y los pongan en ti. Eso quebranta la ley que dice: "No *hurtarás*"; pues has robado el centro de atención que debe pertenecer al Señor Jesús. Y mantener un odio en tu corazón contra cualquier persona, incluso contra ti, según la Biblia, es *homicidio*. ¡Qué horrible es ser uno orgulloso! El que se niega a aceptarse a sí mismo tal como es delante de Dios, quebranta todas las leyes básicas de la Biblia.

¿Te has aceptado tal como eres ante Dios? ¿Quieres abandonar tu ambición de ser amado, aceptado, querido o aun apreciado por cualquiera en este mundo, excepto por el Señor Jesús? Dale *a él* este derecho, no importa cuánto lo quieras *tú*. Puedes estar seguro de su amor. A él no tienes que probarle nada. Y lo hieres cuando tú mantienes la pretensión de que eres alguien que sabes que nunca serás.

Si eres así, es tiempo de que aprendas a ser amigo de ti mismo. Este es un mandamiento bíblico: "Amarás a tu prójimo *como a ti mismo*". Ahora bien, ¿has obedecido este mandamiento? Si realmente amas a Jesús, aprende a amar tu propia vida, que es especial, y a atesorarla como un don de Dios, a pesar de sus limitaciones. Deja de huir de la realidad. Enfréntate a ti mismo. Eres lo que eres. Del pecado puedes arrepentirte, y ser purificado y perdonado. Lo que eres tú, puede ser aceptado, y puedes vivir con ello felizmente. No tienes que ser ninguna otra persona. Sólo tienes que ser tú mismo. Jesús te ama tal como eres.

11

PERMANECE FUERA DEL GRUPO QUE ESTA DE MODA

"Estos son asimismo los que fueron sembrados en pedregales: los que cuando han oído la palabra, al momento la reciben con gozo; pero no tienen raíz en sí, sino que son de corta duración, porque cuando viene la tribulación o la persecución por causa de la palabra, luego tropiezan" (Marcos 4:16, 17).

Algunas personas dicen hoy que ellas pertenecen a Jesús mientras esté de moda pertenecer a él. Pero si miramos de cerca sus vidas, veremos que aún están viviendo para sí mismas. Su única norma para la vida es la locura corriente de andar con el grupo que está de moda. Si está de moda algún tipo de fascinación religiosa, ellos quieren estar allí también. Sin embargo, si la religión no es lo que mueve a la multitud, pronto verás que cambian de fe. ¿Cómo puedes reconocer a un individuo que anda con el grupo que está de moda? Si dice que ama a Dios, pero realmente sólo ama mantener su propia reputación ante las personas religiosas, ¿cómo lo puedes saber? Aplica las siguientes pruebas:

1. *Estos individuos se miden comparándose entre sí mismos* (2 Corintios 10:12). El individuo que está entre el grupo de moda establece sus normas según el pulso de las personas que lo rodean. Lo "bueno" para él es la buena opinión de los demás. Se pregunta:

"¿Estoy haciendo lo que los demás esperan que yo haga? ¿Estoy haciendo lo suficiente para pasar sin que nadie me regañe?" La gente que se mantiene *en grupo dentro de la iglesia* se propone mantener una respetable fachada religiosa. En vez de preguntarse seriamente qué es lo que exigen el Señor y su Palabra, simplemente tratan de satisfacer al grupo cristiano en general. Si los carteles de tránsito que indican una sola vía están de moda, ellos aprenden a repartirlos; pero si lo que está de moda en el grupo en general son los botones, o los lemas para los parachoques de los automóviles, o las gaitas, ¡ellos también los usarán! Se proponen hacer lo que es *respetable,* no lo que es *recto.*

2. *Nunca se molestan en elevar las normas del bien.* A los individuos que actúan dentro del grupo siempre les disgusta que alguien trate de motivar a la iglesia hacia normas más elevadas de consagración a Dios. Han establecido su nivel espiritual según la norma *mínima* del populacho, y cualquiera que intente elevarla es víctima de la crítica y se mete en dificultades. Los que complacen a la gente se levantan contra el hombre o la mujer que no es popular entre el gentío, aunque tenga razón; luego, si la misma multitud comienza a honrar a este individuo, los que complacen le vuelven la cara. De esto sólo hay una excepción: cuando los que complacen han dicho muchísimo contra el individuo de tal modo que no pueden cambiar sin quedar desacreditados. Entonces se quedarán en silencio hasta que se les presente otra oportunidad para criticar.

3. *Dividen las leyes de Dios en dos partes: las que quieren practicar y las que no quieren practicar.* Ellos están contra cualquier pecado contra el cual lo esté el grupo. Si se atacan a las drogas heroicas, ellos tam-

bién las abandonan. Pero si nadie dice nada contra la mariguana, los cigarrillos o las fiestas licenciosas, ellos continúan con esas prácticas. Cuando alguien, por hábito, desobedece cualquier ley conocida de Dios, la obediencia que parece rendir a las demás leyes de Dios no brota de un verdadero amor al Señor, sino de motivos egoístas.

Esto significa que el individuo que siempre actúa según el grupo que está de moda, es capaz de pecar cuando está fuera del hogar. Muchos cristianos profesantes que externamente son muy religiosos y respetables con el grupo de su iglesia, cuando se hallan a distancia se quitan la máscara y viven como realmente quieren. Si el individuo está bastante seguro de que nadie lo reconocerá en ninguna parte, pecará. Si en la iglesia es un hombre religioso, fuera de la iglesia está dispuesto a "mostrar las uñas". Si tú eres un verdadero discípulo de Jesús no tendrás una vida doble. Lo que te hace feliz en la iglesia es lo mismo que te hace feliz a mil kilómetros de distancia de ella. El hombre que actúa según el grupo, por lo general vive en pecado secreto. Esta es una prueba por la cual puedes conocer tu propia posición. Si permites cualquier pecado en secreto, sabiendo cómo deshacerte de él, te has vendido "al grupo que está de moda".

4. *Tratan de hacer amigos en ambos lados de la línea.* Así ha sido siempre a través de los siglos: las personas han podido hacer un buen espectáculo con la religión, sin siquiera ser calificados de santos. Las normas son aún tan bajas en muchos lugares que la gente puede pasar como si tuviera una posición religiosa, sin ser expulsados como reprobados, y sin que se rían de ellos por considerarlos cristianos fanáticos. Son cristianos que están *a la moda.* Su estilo de vida se adapta a la moda y es popular, y hacen lo que el mundo dice

con respecto a la ropa y a la manera de vivir. Sin importar lo que Dios dice, tienen el cuidado de no ofender a ninguno de sus enemigos. Si alguna vez se enfrentan con la alternativa de ofender a la multitud o a Cristo, preferirían ofender a Jesús.

5. *Se preocupan más por lo que piensa la gente que por lo que piensa Dios.* Para ellos, el pecado "imperdonable" es fallar ante los ojos de los hombres, o ser rechazados por el grupo. Nunca han estado con Jesús en el Calvario. Se avergüenzan de estar firmes con Dios porque no lo aman. ¿Cómo podrían amarlo? Si un hombre ama realmente a una mujer, ¿se avergonzaría de defenderla si ella fuera humillada? Si los hijos de una mujer estuvieran siendo víctimas de un abuso, ¿lo permitiría ella sin hacer nada para defenderlos? Si los ama, no. El que complace a la gente no ama a Dios realmente; *se ama a sí mismo.* Cuando se halla entre el pueblo de Jesús, puede ser muy osado a favor de la verdad y hacer un buen espectáculo con su fe. Pero si se lo coloca entre los enemigos de Cristo, donde sería un reproche ser llamado cristiano, se hallará en dificultades, y venderá a Cristo como Judas, o lo negará delante de sus enemigos.

Pero, ¿cuántas personas, por amor a su propia reputación, no rechazarían abiertamente a Dios? Lo único que les impide pecar es la opinión pública, el temor a la desgracia, y el deseo de conseguir crédito por el hecho de que se piense bien de ellos. Si tú eres bueno por cuanto amas a Dios y honras la autoridad de él y lo que él vale, bien sea que la multitud te frunza el ceño o te sonría por ello, tienes verdadera fe. Si lo haces por otras razones, ya tienes tu recompensa. Si lo haces para obtener crédito ante los ojos de los hombres, lo obtendrás. Pero si esperas que Dios te honre, ciertamente te sentirás desilusionado.

¿Estarás de acuerdo en tomar la Biblia como tu norma y al Señor Jesús como tu ejemplo, haciendo lo bueno en todos los casos, sin importar lo que digan o piensen los hombres? Si no estás dispuesto a tomar esta posición, eres un extraño a la gracia de Dios. Uno que complace a la gente de ningún modo es su hijo. Si no te propones hacer lo bueno sin importar lo que diga la gente, amas la alabanza de los hombres más que la alabanza de Dios.

Amigo, he sido honesto contigo. Si no sintiera amor ni interés por ti, no hubiera dicho estas cosas. Lo he dicho tal como es. Si en serio quieres ser cristiano, tienes que entregarte totalmente a Cristo. No puedes flotar hacia el cielo sobre las olas del sentimiento público. No supondré que puedes cuando Dios dice que no puedes: "Por lo cual, salid de en medio de ellos, y apartaos, dice el Señor, y no toquéis lo inmundo; y yo os recibiré, y seré para vosotros por Padre, y vosotros me seréis hijos e hijas, dice el Señor Todopoderoso" (2 Corintios 6:17, 18).

¿Lo harás? ¿Quién está al lado del Señor? ¿Quiénes están dispuestos a decir: "No seguiremos a la multitud para hacer lo malo, sino que estamos determinados a hacer la voluntad de Dios en todas las cosas, sin importar lo que el mundo diga o piense acerca de nosotros"? (ver Juan 12:24-26). "Escudriñad las Escrituras; porque a vosotros os parece que en ellas tenéis la vida eterna; y ellas son las que dan testimonio de mí; . . . Gloria de los hombres no recibo. . . . ¿Cómo podéis vosotros creer, pues recibís gloria los unos de los otros, y no buscáis la gloria que viene del Dios único?" (Juan 5:39, 41, 44).

Jesús, yo he prometido, servirte con amor;
Concédeme tu gracia, mi Amigo y Salvador.
No temeré la lucha, si tú a mi lado estás,
Ni perderé el camino, si tú guiando vas.

El mundo está muy cerca, y abunda en tentación;
Es suave el engaño, y es necia la pasión;
Ven tú, Jesús, más cerca, mostrándome piedad,
Y escuda al alma mía de toda iniquidad.

Cuando mi mente vague, ya incierta, ya veloz,
Concédeme que escuche, Jesús tu clara voz:
Anímame si paro; inspírame también:
Repréndeme, si temo en todo hacer el bien.

Jesús, tú has prometido a todo aquel que va,
Siguiendo tus pisadas, que al cielo llegará.
Sosténme en el camino, y al fin con dulce amor,
Trasládame a tu gloria, mi Amigo y Salvador.

12

QUE HACER CON LOS MALOS AMIGOS

"No améis al mundo, ni las cosas que están en el mundo. Si alguno ama al mundo, el amor del Padre no está en él" (1 Juan 2:15).

Tal vez durante un largo tiempo has andado con un grupo de malos amigos. Si has estado con una pandilla, sabes lo peligroso que es tratar de escapar de ella. He aquí una manera para librarte de tu antiguo grupo. Es costosa y peligrosa, pero es la mejor que conozco para salir sin que se pongan sospechosos o se disgusten contigo.

1. *Entrega a todos tus amigos en manos de Cristo en oración.* Preséntalos uno por uno, comenzando por aquel al cual aprecias más, y abandona ya tus derechos a su amistad. Tienes que hacer tal entrega de tus derechos a la amistad con ellos que puedas andar sólo con Jesús si fuere necesario. Dile al Señor: "Si quieres que yo pierda todos los amigos que tengo ahora, estaré contento al saber que tú eres mi Amigo. Estoy dispuesto a quedarme sólo contigo. Dame el valor para hacer lo correcto, sin que me importe mucho el precio".

Tú has hecho plena entrega de todas tus amistades cuando estás dispuesto a marchar *solo* con Jesús, aunque ninguno de los que ahora conoces y amas le sirva nunca a él, y aunque todos los que ahora llamas amigos cristianos te vuelvan la espalda y se la vuelvan a él. Y eso causará dolor, pero hay que hacerlo. ¿Estás dispuesto a quedarte solo? Jesús lo hizo por ti. Aun todos los amigos de él "lo abandonaron y huyeron" en la hora cuando él tuvo mayor necesidad. ¿Seguirás los pasos de él? No será fácil hacer esto. Algunas de las personas que conoces ahora han sido tus amigos íntimos. Pero hay que hacerlo. Jesús dijo: "Así, pues, cualquiera de vosotros que no renuncia a *todo* lo que posee, *no puede* ser mi discípulo" (Lucas 14:33).

2. *Acude a tus amigos y discúlpate.* Haz esto uno por uno, si es posible. Diles que sientes mucho no haber sido amigo real de ellos. Si has sido religioso, pero no realmente cristiano, también tendrás que disculparte por haber sido un hipócrita religioso. Ama sinceramente a tus amigos perdidos. Dios te dará un amor real por ellos que trascenderá a cualquier aprecio que hasta ahora les hayas manifestado. Manifiéstales con tu actitud que no estás contra ellos y que no los estás despreciando personalmente. Sin ambajes, dales un testimonio con respecto a lo que ha ocurrido entre ti y Dios. Habla en forma directa y honesta. Ora mucho antes de hacer esto, y espera el momento oportuno a fin de que no desperdicies la oportunidad. Pide a Dios que te conceda favor ante los ojos de tus amigos. Tu meta es la de lograr que ellos respeten lo que Dios ha hecho en tu vida, y convencerlos de que lo que ha sucedido es real y te hará una persona diferente.

3. *Si hay algo que puedes darles, como un libro o un folleto que te haya ayudado a ti, dáselos.* Si hay un culto en que sabes que se ha de predicar el evangelio, invítalos. Pregúntales si quieren ir contigo alguna vez para saber lo que te ocurrió. Sucederá una de dos cosas: o dicen que quieren ir contigo, o dirán: "No, vé tu, déjame a mí tranquilo". Es importante que no des la impresión de que los estás humillando en alguna

forma por cuanto rechazan lo que les dices. Simplemente, haz que el camino quede sin obstáculos para que ellos puedan acudir, y luego déjalos tranquilos. Diles: "Nunca he estado tan feliz en mi vida. Quiero aprender más acerca de Jesús para decírselos a ustedes. Así que, si les interesa, simplemente, avísenme. Me encantaría que fueran conmigo". Luego, déjalos tranquilos.

4. *Si alguno de tus amigos quiere acompañarte, explícale todo lo que puedas acerca de lo que significa ser hijo de Dios.* Dale tiempo para que haga preguntas, para que trate de entender. Lleva a tus amigos a algún lugar en que se predique el evangelio en el lenguaje de ellos y en los términos de Dios. Dales la oportunidad de que reflexionen y entreguen sus vidas a Dios.

Si ellos rechazan claramente los postulados de Cristo, y no muestran ningún interés, tendrás que asumir tu postura al lado de Cristo. Di algo como lo que sigue: "Puedo entender lo que piensas, pero puedes ver lo que Jesús hizo en mi vida. El significa más para mí que cualquiera otra cosa del mundo. No puedo ofenderlo a él ahora regresando a mi antiguo modo de vida. Si quieres cambiar tu modo de pensar con respecto a él, recuerda que siempre estaré aquí para ayudarte a que lo conozcas".

5. *Ora por tus amigos y escríbeles.* Tal vez no te contesten nada, pero continúa. No les prediques en tus cartas; sólo comparte con ellos, en un párrafo pequeño, lo que Jesús está haciendo actualmente en tu vida. Sé positivo; no condenes. Preséntalos ante Dios en oración frecuentemente, para que él siembre en ellos las semillas que produzcan el hambre de cambio en sus vidas. Está listo para ayudarlos cada vez que puedas, pues cuando realmente estén en dificultades,

Dios puede utilizarte para resolver sus necesidades y conducirlos a él.

6. *Si algún amigo no cristiano te pide que lo acompañes a algún lugar que sabes que no es bueno, dale las gracias y dile que realmente no te gustaría ir allá.* Luego sugiérele alguna alternativa, un lugar o una actividad, a lo cual pudieras asistir y estar con él más tiempo, con la esperanza de que Dios te dé otra oportunidad para hablarle acerca de Cristo.

No tengas temor de ser natural con tus antiguos amigos; simplemente demuéstrales el amor de Dios, pero no te comprometas a mantener la amistad con ellos.

Si un joven no cristiano le pide a una señorita cristiana que vaya con él a algún sitio, ella puede darle las gracias y decirle que aprecia la invitación, pero que no puede aceptarla. Si le pregunta por qué, ella puede decirle que ella ha entregado su vida a Jesús y ha decidido que sólo saldrá con jóvenes que aman a Jesús. Puede decir: "Puesto que yo entregué mi corazón a Jesús, sólo puedo estar en compañía de jóvenes que amen a Jesús. No te conozco bien para saber si lo amas a él". Si él dice: "¿Cómo podrás saberlo, a menos que estés por lo menos un rato conmigo?", ella puede decir: "Me encantaría que me acompañes a un culto cristiano para que conozcas a algunos de mis amigos". Allí en el culto, los jóvenes cristianos pueden tomarlo bajo su protección, y tal vez puedan conducirlo al Señor.

Si has tenido relaciones sexuales con alguna persona, tienes que romper de inmediato con ella, preferiblemente por carta. Usa estas palabras: "Quiero rogarte, por favor, que me perdones por no haber observado una norma decente contigo". Di adiós para siempre. Asegúrate de que la persona entiende; repítele varias veces. Para que el asunto sea final, dile a la persona que no vuelva a hacer contacto contigo nunca, jamás, especialmente si eres una joven. El rompimiento tiene que ser total, pues de lo contrario volverás a caer en el pecado.

He aquí parte de una carta de despedida enviada por una joven: "Durante algún tiempo he comprendido que debo poner fin a nuestra relación, pero mi egoísmo me ha hecho mantenerme apegada a ti, y los dos hemos sufrido. Perdóname, por favor, la infelicidad que te he causado, y entiende, por favor, que tengo que pedirte que nunca vuelvas a visitarme. Tienes que arreglar tu propia vida y lo relativo a tu propio trabajo, y yo he estado interfiriendo en los dos. Perdóname, por favor; ni siquiera trates de volverme a llamar. Es mejor que terminemos ahora, antes que causemos más dolor y sufrimiento. Esto es mejor para los dos, y te repito, te suplico, que no vuelvas a establecer contacto conmigo en ninguna forma, nunca jamás. . ."

Si has tenido una amistad amorosa con cierto amigo vil, y decidiste aceptar a Cristo como tu Salvador personal, tienes una manera simple de romper con él. Dile: "Lo siento, pero ya no puedo continuar contigo. Encontré a alguien que cambió totalmente mi vida, ¡y me *casé* con él!" (Puesto que todos los discípulos de Jesús constituyen ahora la "Esposa de Cristo", y puesto que el Señor Jesús tiene el nombre de "Esposo" de la Iglesia, ¡tienes el derecho bíblico de decir eso!) Si te pregunta quién es, dale el testimonio de Cristo, y despídete. Cualquier cosa que hagas, asegúrate de que rompes por completo. Si eres una joven, eso te será difícil, pero tienes que hacerlo, pues de lo contrario te hundirás más profundamente en el pecado, y terminarás aún más lesionada.

13
TODO CENTRO DE ENSEÑANZA NECESITA DISCIPULOS DE JESUS

"Vosotros sois la luz del mundo; una ciudad asentada sobre un monte no se puede esconder" (Mateo 5:14).

Si un ángel viniera a tu clase y le preguntara a un pecador: "¿Quién es cristiano aquí?" ¿Te señalaría el pecador *a ti*? ¿Saben tus compañeros de estudio que tú amas a Jesús?

Toda institución educativa necesita discípulos de Jesús. Hay muchas cosas que puedes usar posteriormente en el servicio de Dios, si haces bien tu trabajo en tu centro de estudios. El estudio de lenguas es útil en caso de que vayas a otro país. Los temas científicos te enseñarán a pensar con claridad y a poner a prueba lo que crees. Las clases en que estudias tu propio idioma y tu literatura te enseñarán a hablar y a escribir de tal modo que la gente te ponga atención. La historia puede enseñarte lo que les ocurre a las naciones que honran a Dios y a las que se olvidan de él. Las clases de biología te ayudarán a comprender el maravilloso mundo que hizo Dios.

Por supuesto, muchos de tus profesores no serán creyentes en Jesús. Los libros que te darán para que leas no hablarán acerca de él. Muchos de los temas se te presentarán en clase como si Dios no tuviera nada que ver con nada de lo que se enseña. En algunas clases realmente se menospreciará la fe en él. Pero no tienes que tener el temor de que estas clases te harán perder la fe. Si reflexionas con más detenimiento, y pasas más tiempo haciendo preguntas a tus amigos cristianos, tu fe se fortalecerá. A Dios no le da miedo de que alguien pruebe que él no existe o que está equivocado. Descubrirás que la verdadera fe tiene más sentido que la falta de fe, y aprenderás a hablar acerca de Jesús en un mundo que no lo quiere servir ni le sirve, ni lo ama. ¿Qué mejor lugar hay para aprender que la escuela?

Tienes que tener la conciencia limpia. Pablo envió a Timoteo con fe y una limpia conciencia. Los jóvenes que guardan el pecado en sus corazones perderán su fe por cuanto no será real. La persona que realmente ama a Jesús hallará respuestas para las preguntas difíciles que les presenten los profesores escépticos. Jesús te dará estas respuestas, si tú le eres fiel y estudias su Palabra. "Haz de tu fe en Cristo una fortaleza. Que tu corazón siempre te diga que estás obrando bien. Algunas personas no han puesto atención a lo que les dice su corazón". Si te metes en el pecado, poco a poco la duda destruirá tu fe. Tienes que hacerte el propósito de mantener limpio tu corazón.

Haz lo mejor que puedas en la institución donde estudias por amor a Jesús. En esto se incluyen también las asignaciones escolares. Arréglate un buen lugar para estudiar. Hazte el hábito de estudiar siempre en el mismo lugar. Trabaja fuertemente y mediante un horario establecido. Fija una hora para terminar. Haz una competencia con el tiempo para ver cuánto te rinde en el cumplimiento de una asignación. Sé pulcro. Toma notas precisas. Utiliza diferentes colores que te ayuden en las diversas partes de tu estudio.

Realmente nadie puede impedirte servir a Jesús en la institución en que estudias. No tienes que quebrantar todas las leyes de la tierra para compartir tu fe. Tienes que aprender lo que puedes hacer *dentro* de esas leyes, y también lo que no puedes. Si realmente se aprueban leyes que te obligan a desobedecer a Dios, tienes que buscar una vía de circunvalación.

Está a la espectativa de los nuevos estudiantes que ingresan. Los primeros que los saludan deben ser discípulos de Jesús. Busca a los solitarios, a los muchachos que se sienten heridos. Si nadie más es amigo de ellos, sé *tú* su amigo. Algunos chicos se mantendrán alejados de ti por el hecho de que saben que amas a Jesús. Otros se reirán. Pero en lo profundo de sus corazones, la mayoría realmente te respetará. Presenta un buen ejemplo a los demás. Hazte conocer como uno que se aferra a lo bueno. No sigas a la multitud. Ocúpate en servir a Jesús, y así no te meterás en dificultades.

Hay muchas maneras de hablar acerca de Jesús en la institución educativa. Coloca carteles dentro de tus gavetas y en el armario. Pega letreros bíblicos en tu equipaje y en los libros. Usa botones que den el testimonio de Cristo. Compra buenos libros que puedas prestar a tus amigos. Reúnete una vez por semana con otros cristianos para orar. Invita a grupos cristianos y a predicadores para que canten y hablen en las aulas o en las asambleas, según el permiso que consigas. En la cartelera del instituto coloca invitaciones para los eventos cristianos especiales. Ten una buena provisión de folletos de evangelización en tu gaveta. Ten la Biblia contigo y léela a menudo.

14

COMO HABLAR ACERCA DE JESUS EN EL SALON DE CLASE

"... sino santificad a Dios el Señor en vuestros corazones, y estad siempre preparados para presentar defensa con mansedumbre y reverencia ante todo el que os demande razón de la esperanza que hay en vosotros; teniendo buena conciencia, para que en lo que murmuran de vosotros como de malhechores, sean avergonzados los que calumnian vuestra buena conducta en Cristo" (1 Pedro 3:15, 16).

No tienes que ir a otra tierra para ser misionero. En el mismo instituto donde estudias hay más personas que no conocen a Jesús por metro cuadrado que las que hay en las tierras paganas por kilómetro cuadrado. ¡No te conviertes en misionero atravesando el océano, sino mirando a la cruz! Toda persona que ha recibido a Jesús como su Salvador personal y lo ama *es* un misionero; y toda persona que no es misionera es un campo misionero. Y en tu instituto se necesita muchísimo a Jesús.

La mayoría de los jóvenes casi no pueden esperar para salir de la institución en que estudian. No siempre es divertido asistir a clases. Muchas de las materias pueden parecer aburridas, y los exámenes pueden parecer difíciles. Si les preguntaras a algunos cristianos por qué quisieran abandonar los estudios, pudieran contestar: "Para dedicarme a servir a Jesús". Si has pensado esto, hazte la siguiente pregunta: "¿Las personas que acuden a mis clases saben lo relativo al amor de Jesús?" Luego piensa en lo siguiente: No hace mucho tiempo, uno de los que trabajan entre la juventud hizo una encuesta. Descubrió que alrededor del 85 por ciento de las personas que recibían la salvación en Cristo tenían 18 años de edad o menos. Eso significa que sólo 15 de cada cien personas entregan sus vidas a Cristo después de los 18 años de edad. También descubrió que alrededor del 90 por ciento de los muchachos que se gradúan de educación media, sin haber recibido aún la salvación en Cristo, nunca serán salvos, a menos que los discípulos de Jesús hagan algo para ayudarlos.

¿Qué estás haciendo tú para ayudarlos en tus clases? Un joven entregó su vida a Cristo en su último año de bachillerato. Pensó que había perdido tantísimo de su vida sin servir a Jesús antes, que realmente habló con sus profesores para que le permitieran volver un año después a estudiar su último año. Fue difícil hacer esto. Fue humillante estudiar con el curso del penúltimo año, en relación con el cual él iba un año adelante, mientras todos sus amigos se graduaban y salían del liceo. Pero ese año tuvo tiempo para ganar honores en muchos aspectos y también para llevar a veintenas de muchachos a los pies de Cristo. Tal vez no te atrevas a hacer lo que él hizo. Tal vez tampoco estés en el último año. Pero tienes la oportunidad de hablar acerca de Jesús a uno de los grupos más grandes de personas que jamás encontrarás en tu vida: tus compañeros de estudio.

Si quieres hacer algo de valor para Cristo en tu clase, haz lo siguiente: Presenta tus estudios a Dios. Considera cada clase como un difícil campo misionero. Pide a Dios: "¿Cómo puedo hablar acerca de ti en esta clase, Señor?" Utiliza con ese propósito las tareas y los informes que tengas que presentar. Examina cada trabajo con detenimiento. Permite que Dios abra tu mente en cuanto a cómo podrás usarlos como ins-

trumentos para presentar el evangelio a los muchachos y al profesor. ¡Piensa en las clases en las cuales
puedes hablar o escribir acerca de Jesús! En las asignaciones de castellano (ensayos, poemas, versos
libres), de oratoria (todo recurso de oratoria con respecto a los problemas del mundo fue utilizado por
Jesús o por sus discípulos), de historia (cómo la afectó
para bien el pueblo de Dios), de sicología (Jesús es un
Hombre que tiene alma), de biología (existe otra
explicación en cuanto al comienzo de la vida), de arte
(cuadros y carteles que contienen un mensaje), de
música (nuevos y antiguos cánticos relacionados con
Jesús), y cualesquiera otras asignaciones que pudieras
pensar.

Además de esto, puedes utilizar las clases que reci-
bes con el fin de prepararte para la obra posterior que
realizarás para Dios en el mundo. Aprende bien las
lenguas que estudias, y así tendrás diferentes lenguas
para hablar acerca de él en otras tierras. Estudia tu
sociedad y sus leyes, y así sabrás lo que podrás hacer
para volver a la sociedad y colocar la Palabra de Dios
en el sitio que le corresponde. Usa tus clases de educación física con el fin de preparar tu cuerpo para el servicio del Señor. Piensa mucho en otras culturas y religiones, y verás que las buenas nuevas pueden penetrar
en las tierras y en las costumbres de esos pueblos.

Realiza las tareas escolares, y hazlas bien. Sé un
alumno que generalmente tiene buenas respuestas
para los problemas que presenta el profesor. Asume
una actitud de tal naturaleza que los muchachos
puedan acudir a ti en busca de ayuda. Piensa en tus
compañeros de clase como personas que estás tratando de ganar para Dios. Anda en esto poco a poco y con
sabiduría. Anda suavemente delante del Señor. Gana
el respeto de tus compañeros. Comunícate con tu profesor haciendo bien los trabajos que te asigne, y con

alegría por amor a Jesús. No seas farsante ni te esfuerces exageradamente. Reposa en el amor de Dios y, mediante una vida limpia y cordiales amistades, demuestra que no eres sólo un tipo religioso raro que tienes una fascinación espiritual. Sé natural para que el Señor pueda ser sobrenatural en ti.

Espera preguntas, o que los muchachos te hablen libremente. En esto hallarás algunas veces buenas oportunidades para hablar acerca del Señor o de su Palabra. No te conviertas en un tipo pesado que se entremete en cada clase, sino pídele a Dios cada semana que te dé una buena oportunidad para colocar bien algunas palabras a favor de él. Apunta en la casa cosas que pudieran abrir la oportunidad para dar el testimonio de Cristo en clase. Piensa por adelantado, y trata de adivinar la clase de preguntas que te pudieran hacer, si hablas acerca de Jesús al exponer tu parte en una materia. Sobre todo, asegúrate de que tu corazón y tu mente estén dispuestos a servir a Jesús cuando él te dé la señal de que procedas en alguna clase. Pídele a Dios el don de la sabiduría divina. Tú puedes saber cómo es ese don leyendo Santiago 3:13-18:

"¿Quién es sabio y entendido entre vosotros? Muestre por la buena conducta sus obras en sabia mansedumbre. Pero si tenéis celos amargos y contención en vuestro corazón, no os jactéis, ni mintáis contra la verdad; porque esta sabiduría no es la que desciende de lo alto, sino terrenal, animal, diabólica. Porque donde hay celos y contención, allí hay perturbación y toda obra perversa. Pero la sabiduría que es de lo alto es primeramente pura, después pacífica, amable, benigna, llena de misericordia y de buenos frutos, sin incertidumbre ni hipocresía. Y el fruto de justicia se siembra en paz para aquellos que hacen la paz".

15

COMO DAR EL TESTIMONIO DE CRISTO A LOS PROFESORES

"(Jesús), sentado en medio de los doctores de la ley, oyéndoles y preguntándoles. Y todos los que le oían, se maravillaban de su inteligencia y de sus respuestas" (Lucas 2:46, 47).

Los profesores y maestros también necesitan a Jesús. Algunos profesores tienen problemas que sólo él puede resolver. Algunas veces pueden parecer irritables y estar disgustados por cuanto internamente se sienten heridos y solitarios. Muchos tienen necesidades reales en su propia vida. Otros están enseñando a los muchachos, pero no tienen soluciones reales para sus propios problemas. En muchísimas cosas, tú no sabes tanto como ellos. Pero tú conoces al Señor Jesús personalmente. Y Dios puede usarte para comunicar a un maestro que él se preocupa también por los profesores y los ama; eso puedes hacerlo si sigues el ejemplo del niño Jesús.

Según el relato que Lucas nos ofrece de la vida de Jesús, verás que él *oía y formulaba preguntas.* Los maestros respetaban lo que él decía a causa de las preguntas que hacía. Esta es la manera de dar el testimonio de Cristo a los profesores. Tus preguntas deben indicar que tú entiendes algunas cosas que no comprenden muchos. Tus preguntas deben demostrar que realmente oyes. Eso significa que tienes que mostrar respeto hacia tus profesores y honrarlos. Así lo hizo

Jesús. A menos que hagas esto, no mucho de lo que digas producirá una buena impresión en ellos.

¿Cómo es tu actitud hacia tus profesores? Es posible tener la razón y decir las cosas correctas pero de mala forma. No debemos tratar de hacer la obra de Dios con el espíritu del diablo. No te manifiestes como un sabelotodo. No desobedezcas a Dios tratando de actuar como si tu maestro fuera un idiota absoluto en todo, por el solo hecho de que no estás de acuerdo con él, o por el hecho de que él no ha aceptado a Cristo como Salvador. Tú no eres un sabelotodo. No actúes como si lo fueras. En caso de que tengas un espíritu polémico y crítico, si tu maestro te hace quedar como un necio en clase, lo merecerás.

No es fácil hablar acerca de Cristo en un salón de clase y conseguir que tanto el profesor como los alumnos presten atención. No podemos darnos el lujo de enorgullecernos o tratar de menospreciar a los alumnos o al profesor. No debemos hacer cosas que hagan que la gente se resienta por razones incorrectas. Si quieres que tus compañeros de clase estén a tu lado cuando el profesor está enseñando algo contra Dios o su Libro, hazlo como lo haría Jesús. Sé honesto, presenta hechos, muestra que entiendes algo de los dos lados de la cuestión, y está dispuesto a sonreírte de vez en cuando. Sé firme pero dócil. Debes estar siempre dispuesto a oir y también a admitir tu falta de conocimiento cuando así sea en determinados casos. Pero no trates de levantar a tus compañeros de clase contra tu profesor mediante el prejuicio y la burla. Así no es el método de Dios.

Confirma los hechos en que te basas. Aparta tiempo para conseguir hechos determinantes. Si sabes que vas a entrar en un tema en el cual probablemente tendrás que hablar acerca de Jesús, prepárate con anticipación. Consigue buenos libros que traten el tema y léelos. Debes contar con hechos comprobados del lado cristiano y tenerlos listos. Ora y espera la oportunidad de introducir la palabra que tienes en el nombre de Jesús. No tienes que ser dominante para hacer esto. Si cuentas con algunas palabras de hombres cristianos calificados, di algo como lo que sigue: "El doctor X es uno de los hombres más notables en su campo, y él tiene un concepto completamente diferente. El dijo. . ." Esto significa que no hablarás vigorosamente a menos que estés seguro de los hechos. Es prudente expresarse en cierta forma cortés: "Yo pudiera estar equivocado, pero pienso que. . ."; o "¿No hay otro lado en este asunto?" Se puede hacer mucho daño a la causa de Cristo, si defiendes vigorosamente algo que resulta equivocado. Respalda los hechos que presentas con fuentes confiables. La Biblia dice: "Examinadlo todo; retened lo bueno" (1 Tesalonicenses 5:21).

Tienes que *ganarte* el derecho a que te oigan. Haz que la clase *quiera* creerte por ser la clase de persona que tienen en estima. Sé siempre amable. No hay excusa para que el seguidor de Jesús sea mordaz y crítico. La Palabra de Dios nos dice que tenemos que hablar "la verdad en amor". Si sabes algunos hechos que realmente pueden echar abajo lo que dijo un profesor, haz que para él sea fácil retroceder. Concédele el beneficio de la duda. Resiste la tentación de hacer que él aparezca como un tonto ante los ojos de su clase. Di algo así: "Tal vez yo haya entendido mal lo que usted dijo. ¿Usted no quiso decir *eso*, ¿verdad?"

Préstale a tu profesor buenos libros que ayuden a explicar tu posición. Pregunta a cristianos de más edad qué clase de libros puedes conseguir para tu profesor, y de una manera agradable desafíalo a que los lea. Podrías decir algo como lo siguiente: "Aquí tiene usted un libro que realmente tiene muchos puntos sólidos opuestos a los que usted nos dijo en la clase. ¿En qué forma contestaría *usted* lo que escribió este hombre?" Consigue buenos folletos que se basen en hechos para que el profesor les eche una mirada, que se relacionen con algo que dijiste en clase. Espera hasta que alguna persona cristiana llegue a tu pueblo o cerca, una persona que sepa mucho sobre el tema de que hablaste en clase. Pregunta a tu profesor si él podría hacer arreglos para que tal persona hable en clase y presente sus puntos de vista a fin de que los alumnos puedan conocer el otro lado del asunto. Sé honesto en esto. No mientas, ni intentes simplemente meter a alguien en el asunto, pues así meterás al profesor en dificultades, y él te odiará por eso. Finalmente, trata de poner a tu profesor en contacto con un adulto cristiano más o menos de la misma edad, que pueda hablarle acerca de Jesús. Si tienes una familia realmente cristiana, invita a cenar a tu profesor. Está listo para ayudar en cualquier forma que puedas. Y dile que estás orando por él. Y si se lo dices, *debes* estar orando por él. Podrías ganarlo para Jesús.

16

LOS DEPORTES Y EL TESTIMONIO HABLADO

"¿O ignoráis que vuestro cuerpo es templo del Espíritu Santo, el cual está en vosotros, el cual tenéis de Dios, y que no sois vuestros? Porque habéis sido comprados por precio; glorificad, pues, a Dios en vuestro cuerpo y en vuestro espíritu, los cuales son de Dios" (1 Corintios 6:19, 20).

En la Biblia se nos dice que debemos cuidar nuestro cuerpo porque pertenece a Jesús. Si lo perjudicamos al ser perezosos o flojos, pecamos contra Dios. El uso de los deportes para hacer que nuestro cuerpo sea fuerte y saludable es una manera de honrar el don que Dios nos dio. El cuerpo que tenemos en esta vida debe ser usado de la mejor manera posible.

La Palabra de Dios utiliza cierto número de ilustraciones procedentes de los deportes. Pablo dice: ". . . no tenemos lucha contra sangre y carne, sino contra principados, contra potestades, contra los gobernadores de las tinieblas de este siglo, contra huestes espirituales de maldad. . ." (Efesios 6:12). También dice: "¿No sabéis que los que corren en el estadio, todos a la verdad corren, pero uno solo se lleva el premio? Corred de tal manera que lo obtengáis. Todo aquel que lucha, de todo se abstiene. . . Así que, yo de esta manera corro, no como a la ventura; de esta manera peleo, no como quien golpea el aire, sino que

golpeo mi cuerpo, y lo pongo en servidumbre..."
(1 Corintios 9:24-27).

El Señor quiere que tengamos cuerpos disciplinados y fuertes. El mismo Jesús fue un carpintero. En los tiempos bíblicos, un carpintero tenía que ser a la vez fuerte e inteligente. El no fue perezoso ni enfermizo. La Biblia nos dice que él "crecía en sabiduría y en estatura" (Lucas 2:52). Debes amar a Dios "con todas tus *fuerzas*" (Marcos 12:30). Si usamos los deportes para esto, y servimos a Jesús con un cuerpo mejor a causa de los deportes, Dios se agradará de ello. Por supuesto, no debemos dedicar gran parte de nuestro tiempo a los deportes. Si pasamos demasiado tiempo ejercitando nuestros cuerpos, podemos convertir el deporte en un dios.

Charles Finney dijo una vez: "No puede ser inocente ninguna diversión que incluya el malgastar tiempo precioso que pudiera usarse mejor para la gloria de Dios y el bien del hombre. La vida es corta. El tiempo es precioso. Tenemos una vida para disfrutar. Debemos hacer mucho. El mundo está en tinieblas... No hay tiempo que perder". Los deportes, como cualquier otro modo de divertirnos, no deben llegar a ser demasiado importantes ni demasiado amados en nuestros ojos. No debemos permitir que los deportes tomen el lugar de Dios que es el primero en nuestras vidas. Puedes saber si esto ha ocurrido en tu vida, si prefieres un deporte a hacer cualquier trabajo que Jesús quiere que hagas. Pero si has entregado tu vida deportiva a Jesús para hacer tal como a él le agrada, puedes utilizarla poderosamente para servir a él. Muchos hombres de Dios fueron famosos deportistas antes que Dios los llamara a su servicio. Billy Sunday fue un jugador de béisbol. Billy Graham también quiso serlo. C. T. Studd, fundador de la Cruzada Mundial de

Evangelización, fue uno de los más famosos jugadores de cricket de Inglaterra. Jim Elliot, el misionero que murió mártir en manos de los indios Aucas, fue uno de los más destacados luchadores en sus tiempos universitarios.

Estos hombres, por medio de los deportes llegaron a tener cuerpos fuertes, y posteriormente los usaron para el servicio de Dios. Todo cristiano debe hacer alguna forma de ejercicio. Jesús y sus discípulos, hicieron en su ministerio largas caminatas entre los pueblos. Las carreras por la mañana o las caminatas aceleradas al aire fresco son provechosas para ti, si puedes hacerlas. El tenis, la natación y otros deportes que dan buena conformación general a tu cuerpo, son buenos ejercicios y divertidos. El verdadero discípulo de Jesús ama a Dios con todo su cuerpo. Lo mantiene bien con descanso y buen alimento. No come tontamente. Come lo que debe comer, y no come demasiado porque sabe que tiene que sufrir "penalidades como buen soldado de Jesucristo. Ninguno que milita se enreda en los negocios de la vida, a fin de agradar a aquel que lo tomó por soldado" (2 Timoteo 2:3, 4).

No abusará de su cuerpo consumiendo bebidas alcohólicas o drogas, ni acortará su vida o su respiración a causa de fumar cigarrillos. No se queda en las fiestas hasta las primeras horas de la mañana. No permitirá que lo domine la pereza porque sabe que no debe malgastar el tiempo de Dios. Un verdadero seguidor de Jesús es un buen atleta por cuanto mantiene su mente y su cuerpo en buenas condiciones de salud para el servicio de Dios.

El Señor Jesús te ayudará a jugar bien. Peter Marshall dijo: "Dios está en la casa y en el juego de sus hijos". Las pruebas y las presiones en los deportes te darán la oportunidad de aprender la paciencia y el perdón. Aprenderás a confiar en que Jesús te dará gracia cuando alguien contra quién tú juegas sea injusto o te haga mal. Aprenderás a escoger lo bueno aunque sea difícil. Puedes aprender a ganarte el respeto tanto en el campo de juego como fuera de él, teniendo un cuerpo firme y una fe vigorosa. Los deportes en equipo pueden enseñarte a saberte entender con los demás y asumir tu propia parte de responsabilidad. Y se pueden presentar muchísimas oportunidades en los deportes para dar el testimonio de Cristo a otros. Los vestuarios pueden convertirse en lugares para dar este testimonio. Tú querrás ganar, jugar lo mejor que puedas para el Señor. Así que, cuando salgas a la pista, o al campo deportivo o a la cancha, ¡vé con el propósito de ganar para la gloria de Dios! Cuando juegas, juega para Jesús. Haz que cada jugada valga para él. Haz lo mejor por cuanto estás jugando para la gran tribuna del cielo. Y participarás en los mejores juegos de tu vida por cuanto participarás para la gloria de él. El te estará vigilando. Y tú jugarás para ganar.

17

HAY QUE GANAR A LA INSTITUCION EDUCATIVA PARA CRISTO

Comienza un culto matutino de oración con todos los que realmente quieran una revolución espiritual con Cristo en la institución donde estudias. Hazlo por lo menos una vez a la semana, preferiblemente los lunes. Allí no orarás a favor de *tus* necesidades personales, sino a favor de las vidas de los demás cristianos que están en la misma institución, pero que no están encendidos espiritualmente. En esa oración pedirás que se te conceda ganar gente para Cristo. Los que participan en la oración pueden pedirle a Dios que ponga en sus corazones el nombre de una persona del plantel a la cual él quiere que le den el mensaje de Jesús. La revolución espiritual en la institución educativa comienza con una persona en determinado tiempo.

Al terminar este culto, alguien debe repartir algún nuevo medio de testimonio para la semana. Puede ser un botón, un cartel, un boleto para asistir a una actividad cristiana de proyección a la comunidad, un libro como *La cruz y el puñal,* o *El contrabandista de Dios,* un nuevo folleto o un Nuevo Testamento en lenguaje moderno. Esto será lo que el grupo de cristianos ha de usar durante la semana. La reunión debe terminar temprano; no debe alargarse ni hacer que las personas lleguen tarde a otras actividades. Debe mantenerse corta y agradable.

En la institución educativa, todo revolucionario de Cristo le pedirá al Señor que le conceda una oportunidad de hablar con aquella persona que Dios ha puesto en su corazón, y que prepare ese corazón para el mensaje. Y tú orarás por la persona que Dios ha puesto en tu corazón cada vez que suene el timbre para terminar un período de clase y para iniciar otro. Esta será una oración de sólo unas pocas palabras, pero servirá para recordarte tu responsabilidad. Luego, abre tus ojos espirituales y busca la oportunidad para darle el mensaje. No empujes para lograr esto. Espera el tiempo de Dios. Cuando llegue, utilízalo para exponer lo que Jesús ha puesto en tu corazón. Esa persona tiene que darse cuenta de que tú realmente *te preocupas* por ella, aunque ella no esté interesada en Dios ni en sí misma. Ama a esa persona con el amor de Dios de tal manera que lo sienta.

Todo cristiano tiene que prepararse para emplear lo mejor de que dispone con el fin de influir a otras personas en el nombre de Cristo. Todos los deportistas de Jesús saldrán a los campos de juego y a las pistas a jugar y correr para Dios. Todos los estudiantes estudiarán hasta ser los individuos más informados y diligentes en sus respectivas clases y en sus respectivas materias. Todos los que tengan talentos orarán para que Dios los haga las personas más destacadas de la institución educativa, y se esforzarán por lograrlo. La única diferencia será ésta: cuando se te pregunte el secreto de tu éxito, hablarás para la gloria de Dios. Cuando los individuos se hagan amigos de ti a causa de tus dones, utilizarás tu posición para influir en ellos en nombre de Jesús. Cada innovador utilizará su don para ayudar a los que no conocen a Jesús, hasta que un núcleo creciente participe en esta "magnífica obsesión" por Cristo y por su reino.

Ten disponibles los mejores libros de preparación que puedas conseguir para nueva fuerza cristiana de operación. Hazles saber que amar a Dios con todo el corazón no excluye el mandamiento de amarlo con toda la mente. Desafíalos a que diezmen su tiempo para Dios: de dos a cuatro horas diarias para estudiar las verdades de Dios, orar y dar el testimonio de Cristo. Indícales que ellos mismos deben comprar con su propio dinero el mejor material de consolidación y folletos para los nuevos cristianos, a fin de que los lean y los utilicen con sabiduría.

No seas evasivo con respecto a las condiciones del verdadero discipulado. Exprésalas directamente a los que están interesados en seguir a Jesús. Diles que ser cristiano involucra la entrega de *todo*. No trates de hacer el camino de Cristo más fácil de lo que lo hizo Jesús. Si eres demasiado suave, tu revolución nunca tendrá éxito. Una persona que haga una decisión tan fácil que Dios no la honre (que luego descubra que su profesión de fe no le sirvió de nada), apartará por lo menos a otros siete, por causa de su inexistente testimonio. Anuncia claramente que tienen que abandonar todo para seguir a Jesús, pues de lo contrario no podrán llamarse cristianos. Nada menos es verdadero cristianismo (Lucas 14:25-33).

Así que manifiéstales aprecio a tus compañeros de estudio y demuéstrales que estás dispuesto a *morir* por ellos. Ellos sentirán esto y respetarán tu posición. Eso pondrá ternura en tus advertencias y compasión en tus consejos. Asegúrate de que todo lo que haces fluya de una genuina preocupación por el dolor que Dios tiene en su corazón a causa del pecado de los estudiantes de tu institución. No importa cuán buenos sean tus métodos ni cuán verdadero sea tu mensaje, si no tienes los motivos de Dios, tu obra se reducirá a la nada. ¿Por qué debes ganar a tu institución educativa para Dios? ¿Porque los muchachos están tomando excesivas dosis de drogas, alucinándose y llegando hasta el suicidio, y necesitan ayuda? ¿Porque tiene alguien que hacer algo antes que la Iglesia de Cristo pase de moda? ¿Porque todos los profesores son incrédulos y agnósticos? Todo esto puede ser cierto, pero no puede ser la razón básica por la cual debes hacerte cargo de tu institución educativa con el fin de ganarla para Dios. *¡Lo debes hacer porque Dios está siendo deshonrado a causa del pecado que hay en tu institución educativa!* Cuando permitas que *tu* corazón se quebrante con aquello que quebranta el corazón de Dios, verás una revolución espiritual en tu institución educativa.

No será suficiente nada que sea menos que el absoluto rendimiento a Cristo y a su causa. A uno que se oponía a Lenín se le preguntó por qué le temía tanto. Respondió: "Porque no hay otro hombre que sólo piense y sueñe en la revolución las 24 horas del día". Así tiene que ser el revolucionario cristiano. Todo pensamiento debe ser llevado en cautividad a Cristo. Toda clase tiene que ser una oportunidad para decir algo a favor de Cristo. Todo don tiene que inclinarse hacia el despertamiento espiritual. Todo deporte tiene que convertirse en un vehículo para dar el testimonio cristiano. ¡Toda posición de liderato debe ser el objetivo hacia el cual debe despegar el discípulo de Jesús!

Un manual práctico que trata de los pasajes importantes de las Escrituras sobre el ayuno. También habla de las normas prácticas envueltas en dicho tema.

El ayuno es importante. Quizás más de lo que la mayoría de nosotros creíamos. Cuando se le ejercita con un corazón puro y animado por motivos sanos, el ayuno puede proporcionarnos una llave para abrir puertas en aquellos lugares donde otras llaves han fracasado.

UNA GUIA PRACTICA Y ESPIRITUAL PARA EL AYUNO

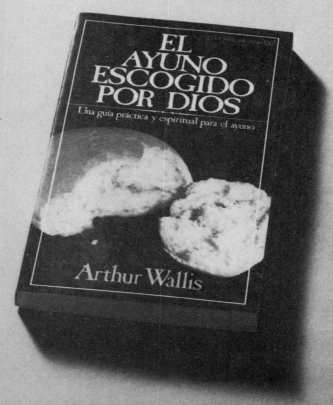

EDITORIAL BETANIA

Este libro ofrece al lector algunas instrucciones interesantes para el estudio de la Biblia, seguido de diagramas, que transformarán el estudio regular de la Palabra en algo mucho más fascinante.

El autor presenta un programa de estudios de tres años, que al terminarlo, el estudiante habrá adquirido un conocimiento práctico de la Biblia. Este sistema prepara al lector para una vida íntegra de servicio al Señor.

La lectura y aplicación de este libro puede producir en su vida espiritual la madurez deseada, en un período de tiempo relativamente corto.

INSTRUCCIONES PRACTICAS PARA EL ESTUDIO FASCINANTE DE LA PALABRA DE DIOS

EDITORIAL BETANIA

CÓMO ESTUDIAR LA BIBLIA POR SÍ MISMO

Tim LaHaye

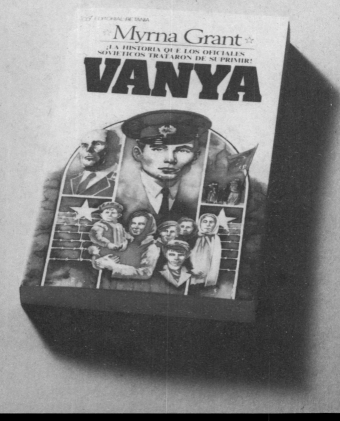